本著作系 2018 年度教育部人文社会科学研究专项任务项目(高校思想政治工作)"基于学生'千日成长'的高职院校育人工作体系研究"(项目编号:18JDSZ1019)的阶段性研究成果。

本著作系 2017—2018 年度浙江省高校重大人文社科攻关计划项目"基于学生成长的高职院校全过程、全方位育人体系研究"(项目编号:2018GH040)的阶段性研究成果。

高职院校育人工作案例评析

张鹏超 等 著

浙江工商大学出版社 | 杭州
ZHEJIANG GONGSHANG UNIVERSITY PRESS

图书在版编目(CIP)数据

高职院校育人工作案例评析 / 张鹏超等著. — 杭州：
浙江工商大学出版社，2019.7
　ISBN 978-7-5178-3247-8

　Ⅰ. ①高… Ⅱ. ①张… Ⅲ. ①高等职业教育－教育研
究－中国 Ⅳ. ①G718.5

　中国版本图书馆 CIP 数据核字(2019)第 097756 号

高职院校育人工作案例评析
GAOZHI YUANXIAO YUREN GONGZUO ANLI PINGXI
张鹏超 等 著

责任编辑	刘淑娟　　王黎明	
封面设计	林朦朦	
责任印制	包建辉	
出版发行	浙江工商大学出版社	
	（杭州市教工路 198 号　邮政编码 310012）	
	（E-mail：zjgsupress@163.com）	
	（网址：http://www.zjgsupress.com）	
	电话：0571-88904980,88831806（传真）	
排　　版	杭州朝曦图文设计有限公司	
印　　刷	浙江全能工艺美术印刷有限公司	
开　　本	710mm×1000mm　1/16	
印　　张	11.25	
字　　数	214 千	
版 印 次	2019 年 7 月第 1 版　2019 年 7 月第 1 次印刷	
书　　号	ISBN 978-7-5178-3247-8	
定　　价	42.00 元	

前 言

　　习近平总书记在全国高校思想政治工作会议上指出："思想政治工作从根本上说是做人的工作，必须围绕学生、关照学生、服务学生，不断提高学生思想水平、政治觉悟、道德品质、文化素养，让学生成为德才兼备、全面发展的人才。"落实全国高校思想政治工作会议精神，做到"围绕学生、关照学生、服务学生"，要求高校全体思想政治工作人员认真学习习近平总书记讲话精神，以科学的理论武装头脑；还要求全体思政人员以科学的理论指导实践，走到学生中去，了解学生、关心学生、帮助学生，将解决学生的思想问题与解决学生的生活、学习、工作等具体问题相结合，提高思想政治教育的针对性、实效性和亲和力、感染力，帮助学生树立正确的世界观、人生观、价值观，帮助学生成长、促进学生发展。学生思想政治工作是有规律可循的。我们思政工作者在走近学生、做好学生的思想政治工作的同时，也应该从中提炼出具体的工作案例，探究其特点和形成过程，分析其解决途径和办法，发现教育规律，促进思想政治工作提升水平和层次。

　　笔者 1994 年大学毕业，同年 7 月被分配到包头机械工业学校（1998 年升格为包头职业技术学院）工作。1995 年，任学校学工部副部长、团委副书记，1997—2004 年，任学工部长、团委书记。2007 年，调任到浙江金融职业学院工作。2007—2009 年，任金融系党总支书记，主管学生工作，其间在教育厅宣教处挂职一年。2010 年至今，担任浙江金融职业学院学工部长、学生处长。掐指算来，大学毕业至今已 24 年，直接做学生工作 19 年，间接负责学生工作 1 年（教育厅挂职期间主要负责高校安全稳定工作）。19 年的大学生思想政治工作的开展，既有许许多多的具体事务的处理，也有个人利用工作之余对于思想政治教育的理论学习和提升。在负责学生工作期间，尤其是 2010 年至今，在学校党委、行政的领导下，在全体学生工作者的共同努力下，学生工作运行平稳有序，亮点频现。参与学生工作的教师，尤其是辅导员、班主任老师在工作中总结、提炼了大量的案例，这些鲜活的案例源自学生的学习、生活之中，源自师生交往互动之中。毛泽东同志在《反对本本主义》中说："没有调查，没有发言权。"源自基层一线学生工作人员的案例，经过老师们的总结提炼,经过各级的评选,具有一定的典型示范作用,是很好的调查素材。为了更好地总结工作,笔者将诸多的工作案例进行挑选、整理、汇编,同时介绍了部分案例的背景,尝试以所学的知识做些案例的评析,以期让更多的学生工作者学习、了解这些工作案例中的好做法,更好地发挥案例的教育引导作用。

本书共分为五个篇章。第一章为高职院校公寓学生工作体系建设工作案例及评析。为了进一步加强大学生基础文明教育,从 2012 年开始,浙江省在全省高校组织开展了加强文明寝室建设工作。经过 3 年的推进,这项工作取得了一定的成绩。为了持续深化地做好这项工作,2015 年,浙江省委教育工委、省教育厅选取了本科、高职院校各 1 所,召开由全省高校学工部长参加的浙江省高校文明寝室建设现场推进会。作为承办全省高职院校现场推进会的学校,我们既要做好寝室的安全教育,做好寝室的净化、美化、文化建设,又要将已有做法总结提炼,形成经验报告向教育厅领导以及兄弟高校学工部长汇报。本章评析了当时学校提交的 1 个工作汇报和 8 个案例材料。第二章为辅导员"说学情"工作案例及评析。习近平同志在全国高校思想政治工作会议上强调,"高校思想政治工作关系高校培养什么人、如何培养人以及为谁培养人的根本问题","把思想政治工作贯穿教育教学全过程"需要抓好思想政治工作队伍,不断提高队伍的能力、水平和素质。为了进一步加强思想政治工作队伍建设,学校从 2012 年开始,组织开展总支书记"说系情"、辅导员"说学情"、班主任"说班情"大赛。其目的在于推进院系总支书记、辅导员、班主任走进学生、了解学生、分析学生特点,采取主动有效的工作开展学生的思想政治教育工作。第二章选取了较为优秀或者较有代表性的 9 个辅导员"说学情"的部分材料进行评析。第三章为辅导员、班主任工作案例及评析。班主任和辅导员是开展大学生思想政治教育的一线工作人员。这支队伍的理论功底、实践能力以及运用理论解决实际问题的能力,从实践中发现问题、解决问题并将实践经验进行理性思考的能力,决定着高校思想政治工作的总体水平。为了加强班主任、辅导员队伍建设,我院每年均组织开展班主任、辅导员论文、工作案例征集活动,将经过评比的优秀论文、案例择优汇编。第三章选取了近年来部分优秀或者较为有代表性的案例进行评析。第四章为浙江省辅导员工作案例大赛部分获奖作品及评析。2015 年,浙江省委教育工委宣教处组织开展了全省辅导员案例大赛。将优秀的 10 篇案例在全省辅导员论坛上进行交流,并邀请了浙江大学学工部长邬小撑、宁波大学学工部长周青和笔者进行现场点评。本章将笔者的点评案例及评析内容进行了汇编。第五章为"爱生节"十周年学生感恩故事大赛获奖作品及评析。为了进一步深化"以生为本"理念,2008 年,学校将 5 月 23 日(谐音"吾爱生")确定为"爱生节";2011 年,将 11 月 23 日(谐音"要爱生")确定为深化"爱生节"活动日。2018 年是学校"爱生节"实施十周年。为了更好地总结过去十年学校"以生为本"的育人理念和工作,进一步推进今后的爱生工作,2018 年 5 月 23 日,学校举办了"爱生节"十周年总结暨再推进大会,并在上半年内组织开展了系列爱生活动。向学生征集故事是系列爱生活动内容之一。第五章选择了部分获奖的爱生故事并进行了评析,从学生的视角展示学生工作的案例。

当然,由于个人水平有限,评析内容的理论层次还有待提升,也有一些评析内容不是十分贴切,还请各位思政工作者予以批评和指正。

张鹏超

二〇一八年十二月

目　录
CONTENTS

第一章
高职院校公寓学生工作体系建设工作案例及评析

　　为了进一步加强高校的思想政治工作，提高高校教育水平，维护校园和谐稳定，促进学生身心的健康成长，2012 年，浙江省出台《中共浙江省委教育工作委员会浙江省教育厅关于深入开展学校文明寝室建设的通知》，要求各高校开展文明寝室建设工作，为广大青年学生健康成长成才营造良好的环境。全省各高校均积极行动起来，加强贯彻执行该项工作，并深入探索文明寝室建设机制，围绕建设整洁有序的寝室卫生环境、积极向上的寝室文化氛围、功能完备的寝室服务体系、职责明晰的寝室管理机制等方面，为学生提供更优质的服务。

　　2015 年 10 月，浙江省教育厅在全省选取本科高校、高职院校各 1 所，组织开展文明寝室建设现场推进会。全省高职院校公寓学生工作体系建设现场工作会议在浙江金融职业学院召开。为了做好会议各项工作，我院进一步总结提炼了多年来学校文明寝室建设的经验，以培养"懂做人、精专业、能做事"的优秀金院人为目标，以"融入"为基本思路，积极构建了"一套公寓管理制度，校内和校外两片社区，懂做人、精专业、能做事三个主题，迎新季、成长季、青春季、毕业季四季风情，健康成长、思想引领、安全稳定、友情亲情、队伍建设五线交织，学生思想政治工作研究会、明理学院、'学习生活指导'课程、新媒体、学生事务大厅、处室系部联动等六大平台"的立体化公寓学生工作体系。把公寓学生工作融入学生"千日成长工程"整体框架之中，注重接轨人才培养的各个环节，提升统筹力；把公寓学生工作制度融入学校整体管理，注重制度保障，提升可持续性；把财贸类专业职业核心能力培养融入公寓学生工作之中，提高工作针对性。学工部起草了报告草稿，方华副校长审定并做了专题汇报。同时，学生工作部组织部分学生工作者研讨、总结，提供了 8 个学生公寓工作案例。笔者对案例逐一审阅，起草了简要的案例说明，并请谢峰老师对说明进行了修改完善。

　　案例说明：教育即生活，生活即教育。学生寝室是大学生生活、学习、工作的重要场所，文明寝室建设是学校教育的重要组成部分，是德育生活化的重要平台和载体。加强文明寝室建设，需要我们在做好各项常规工作的同时，对诸多行之有效的做法进行提炼,将这些做法内蕴的理论依据与实践经验归纳总结为解决具体问题的工作案例,并再次运用到大学生文明寝室建设中。如此循环反复,以期实现公寓学生工作水平的螺旋式提升。

按照教育厅宣教处的要求,我院学工部经过梳理与完善,提供了《完善社区管理制度　促进文明寝室长效机制建设——浙江金融职业学院学生社区总值班室制度建设》等8个案例。它们有着如下三大特点:

一是持之以恒。要将一件工作做好,创新载体必不可少。但当载体选定之后,将之持续做下去、做好,才能做出精品。"十年磨一剑"说的便是这个道理。在案例中,我们的学生社区总值班室制度是从2003年学校整体搬迁到下沙新校区便开始实行的,至今已12年有余;社区文化节每年举办一届,至今已举办11届;自2006年开始,我院便开展了"寝室长说寝情"活动;案例《把整洁留给学弟学妹　把文明带上工作岗位——毕业生文明离校案例分析》也已经开展3年。可以说所提供的案例都是我们在日常工作中开展的行之有效的工作载体,我们还将继续完善和实施。

二是人人参与。我们所提供的案例面向全员,覆盖全体。如案例《增强学生体质　规范学生行为——以"准军事化"管理方式实施学生早锻炼及寝室内务卫生管理工作》面对全体大一新生开展;共举办社区文化节、社区邻居节等各类学生喜爱的活动600余项,参与学生超20000余人次。学生在参与中增强了体质、规范了行为,在潜移默化中提升了素质。

三是以小见大。公寓学生工作中的很多事情很小,却能折射出整个学生管理工作和学生精神风貌。我们开展的"寝室长说寝情"活动,其目的是锻炼最小的学生干部,并为其提供成长的平台;学生事务大厅是为学生提供服务的平台,提供的也只是水电缴费、车票购买等小服务,却是服务学生、让他们学习成长的重要载体;驻公寓辅导员"说楼情"活动,是为了让辅导员做到楼情清楚,措施得力,育人有效;金院"和事佬"解决的也是学生中的小问题,但更贴近学生,更易被学生接受。

当然,我们的案例还要进一步遴选和完善。案例中金院"和事佬"和"准军事化"管理刚刚实施一年,还有待于在工作中进一步检验,学生事务大厅的服务功能也有待于进一步增强,等等。我们之所以提供了8个案例,是因为来参会的都是公寓学生工作体系建设方面的领导和专家,弄斧到班门,其目的是希望得到各位的批评与指正,以便我们进一步遴选完善工作案例,进一步增强工作的针对性,提升工作水平。对于各位领导和专家的意见建议,我们表示真诚的感谢!

浙江金融职业学院学工部

二〇一五年十月十六日

案例 1　构建"123456"公寓学生工作体系
助推金院学子千日成长

学生工作部部长　张鹏超

2012 年 9 月 24 日,时任浙江省省长夏宝龙同志在全省大学生文明寝室创建活动启动仪式上指出:"寝室是大学生的'第一社会''第二家庭''第三课堂'。"著名教育家陶行知先生也曾经提出"生活即教育"的大教育观。公寓学生工作对于育人的重要性不言而喻,一方面是因为公寓学生工作涵盖学生主要生活内容,事关校园安全稳定,事关学生在校的学习生活体验;另一方面是因为财贸类行业对从业人员日常行为规范有着严格的要求,事关人才培养的质量,事关校园文化的积淀。

我院以培养"懂做人、精专业、能做事"的优秀金院人为目标,以"融入"为基本思路,积极构建了"一套制度、两片社区、三个主题、四季风情、五线交织、六大平台"的立体化公寓学生工作体系。把公寓学生工作融入学校学生"千日成长工程"整体框架之中,注重接轨人才培养的各个环节,提升统筹力;把公寓学生工作制度融入学校整体管理,注重制度保障,提升可持续性;把财贸类专业学生职业核心能力培养融入公寓学生工作之中,提高工作针对性。现将具体做法做如下汇报,以期抛砖引玉。同时,也恳请各位领导、专家予以指正。

一、健全"一套制度",接轨学校整体管理

要保证公寓学生工作的有效性和可持续性,制度建设是依据和关键。为此,学校将公寓学生工作制度纳入学生管理、教学管理、教师党员干部管理的系统要求。具体做法:一是将公寓学生工作制度与学生管理制度相融合。学校相继出台了《关于深入开展学生文明寝室建设的意见》《文明寝室建设考核办法》《学生寝室文明行为规范》《学生公寓管理规定》《学生寝室卫生检查工作规范》等一系列文件,将公寓学生工作与学生党建、综合测评、先进个人与班集体评选等制度挂钩,将辅导员、班主任进公寓工作与其考核相挂钩,保证了公寓学生工作与学校学生管理工作的有效衔接。二是将公寓学生工作制度与教学管理制度相结合。学校自 2015 级学生开始,单独设立了学生素质养成学分,纳入各专业人才培养方案之中并作为学生毕业条件,公寓学生活动与行为规范便是其中主要内容之一,这使公寓学生工作成为专业人才培养的组成部分。三是将公寓学生工作制度与教师党员干部管理制度相结合。学校出台了《领导干部进课堂、进学生公寓制度》,规定了学校领导包干所联系系(院)学生的公寓楼,中层干部及党员教师必须联系结对寝室,并与党员干部考

核相挂钩,这将公寓学生工作纳入了党员干部的考核评价范畴。

二、立足社区现实,推进"两个社区"协同管理

我院学生公寓由校内和校外两个区域组成,校外入住下沙高教园区东区桃李苑和成蹊苑,由杭州紫元置业有限公司(以下简称紫元公司)负责管理;校内入住自建学生宿舍楼 3 幢,由浙大新宇集团负责物业管理。我院分年级、分楼层安排学生住宿,并与相关物业公司联合成立了社区管理委员会,协调公寓的日常管理、设备维护、文化活动等事务,协同开展公寓学生工作。

三、强化"三个主题"教育,突出人才培养目标

一年级,金院学子,注重学习生活指导,强调懂做人。学校成立了明理学院,面向一年级学生开展第一课堂明理课程教学,并统筹第一课堂与第二课堂实践活动,如开展寝室美化大赛、叠被子比赛等活动,在新生军训后继续实施"准军事化管理",持续开展文明寝室建设,建立每周一普查、每天一抽查的卫生检查结果定期通报制度,学生内务卫生平均优秀率从 86.19% 提升到 96.05%。上述举措较大地提升了学生的生活、相处、协作等能力。

二年级,系部学友,注重专业指导,强调精专业。学校组织开展社区文化节、社区邻居节、楼宇文化建设和寝室文化建设等活动,发挥学生公寓的文化育人功能;大力倡导专业教师走进寝室、与学生结对等活动,指导学生学习和生活;通过朋辈互助育人活动,积极营造系部、班级、寝室积极向上、互帮互学、团结和谐的氛围,提升学生交流沟通、聆听他人、主动学习的能力。

三年级,行业学徒,注重就业指导,强调能做事。学校通过校友话人生(话就业)、学长讲堂、就业直通车、校友桥协会等活动,进一步加强在校学生和校友的紧密联系,加强就业指导,提升学生的职业精神、职业技能和就业能力。

四、开展"四季风情"活动,丰富学生公寓体验

寓教育于活动中是开展学生工作的重要方式之一。结合我院学生社区工作不同季节的特点,组织开展了"四季风情"活动。

迎新季,社区友约。9 月份,是新生报到、始业教育季,是新生的适应期。始业教育及军训是高等学校人才培养工作的重要组成部分,是新生熟悉环境、了解大学生活的重要环节。为此,学校要求在迎新工作中要做到:安全稳定措施要到位,确保学生的人身安全、财产安全;迎新工作安排要合理,确保迎新工作平稳有序、优质高效;接待学生及家长要周到,让新生来到学校感到安心、舒心,让家长将孩子送到学校感到放心、宽心。从 2013 年开始,学校专门组织开展了以"五好"为主要内容

的"向新生送温馨活动"，即"联系好每一位新生，问候好每一位家长，检查好每一间寝室，关注好每一个细节，解决好每一个问题"。学校通过设立志愿者服务岗、印发《新生入门指南》《学生学习生活指南》等，做好各项迎新工作。学校将始业教育与文明行为规范教育相结合，将军训工作与文明寝室建设工作相结合，将校情教育与专业教育相结合，将生活指导与生涯教育相结合，增强了学生爱国主义、集体主义精神的培养，促进了学生良好学习生活习惯的养成，推进了良好的校风、系风和班风的形成。

成长季，社区友缘。10—12月份，是新生的成长季，是教育的黄金期。在这一时期学校组织开展"社区邻居节"系列活动，包括"爱我家、筑我家、秀我家"等3个板块26项系列活动，加强了学生的安全教育、心理健康教育、文明礼仪教育、文明寝室建设教育等。每年"深化爱生节"（11月23日）活动日前后，在学校安排的系列爱生活动中，将干部教师"进寝室、送温暖、增亲情"作为活动的一项重要内容，督促干部教师进一步做好师生结对工作，进一步增进了师生之间的情感。

青春季，社区友爱。3—5月份，春暖花开的季节，是学生播撒梦想的种子并为之奋斗的季节。结合该季节的特点，学校组织开展了"社区文化节"系列活动，包括"青春正当红、青春正学浓、青春正能量"3个板块32项活动。每年"爱生节"（5月23日）活动日前后，学校领导、全体教工走进寝室，倾听学生的生活故事，进一步促进了师生交流，将"爱生"落到了实处。

毕业季，社区友恩。6月份，栀子花开的季节，是毕业生离校的季节，也是加强学生感恩教育的最佳期。学校组织开展了以"文明离校，感恩母校，起航远行，品质校友"为主题的毕业生系列教育活动，毕业生文明离校蔚然成风。在毕业生离校期间，班主任和辅导员深入寝室与毕业生亲切交谈，关心毕业生就业去向，认真了解毕业生的退宿离校情况，在学生社区，组织开展"将整洁留给学弟学妹　将文明带上工作岗位"活动。毕业生在离校前开展宿舍清洁活动，在学生宿舍楼内，看不到遍地狼藉，取而代之的是一间间干净整洁的寝室，这些寝室的成员也因为离校前将寝室打扫干净而获得了由学校赠送的具有纪念意义的"四季金院"精美明信片一套。

五、促进"五线交织"，注重学生分类管理服务

健康成长是主线。在军训结束后学校继续以"准军事化"管理方式，组织学生以寝室、系为单位进行早锻炼，开展"激昂青春、携手并进"毅行等活动，加强学生体质锻炼。在学生公寓设立瑜伽室、心理活动室等学生活动场地，进行心理健康指导和咨询，同时，还组织开展了卫生与救护技能培训等活动，进一步促进了学生的身心健康。

思想引领是航线。学校十分重视立德树人这一根本任务，积极培育和践行社

会主义核心价值观,加强党团组织进社区工作,组织开展了学生党员公寓挂牌制度,2012年成立了社区党总支,2014年成立了学生社区党支部,并发展学生预备党员6人,组织开展了"标兵楼、优秀驻公寓辅导员、文明寝室、创文明寝室、优秀宿管员、优秀社区学生干部、社区服务之星"等各类评比活动,宣传身边的人和身边的事,发挥好典型带动作用。

安全稳定是底线。守住学生的安全稳定是做好学生社区工作的首要责任。为了做好学生的安全稳定工作,学校自进驻下沙校区以来,先后安排了校领导、学校总值班、学生管理值班、行政干部、保卫处、各系等六条线的值班;在学生社区安排全天候的社区总值班和每楼每天至少一人的辅导员值班;发挥学生组织自我教育、自我管理、自我服务的积极性,安排了学生自律委员会学生干部值班和勤工俭学学生值班。要求辅导员值班要走访学生寝室并记录"生情手记",促进师生交流,解决学生困难;要求各楼建立信息员制度,及时掌握学生的动态;要求学生干部值班要开展晚点名工作并及时报本楼辅导员,加强学生的晚归管理工作。同时,学校有针对性地组织开展了楼管人员和寝室长的安全知识、消防知识、心理知识培训。学生处会同保卫处定期开展突发事件处置应急演练,进一步加强突发事件应急处置机制建设,守住了公寓学生的安全稳定底线。

友情亲情是连接线。学校党政班子带头践行"以生为本"理念,努力做好"五个一",即联系一个班级,联系一幢宿舍楼,联系一个学生寝室,结对帮助一名贫困学生,走访一名学生家庭;教工党员做好学生寝室结对工作,帮助学生健康快乐成长。爱生节,深化爱生节,欢度中秋、国庆等活动,进一步增进了师生之间的亲情;寝室长"说寝情"活动,提升了寝室长的管理能力,增强了寝室的凝聚力,增进了寝室成员之间的友情。

队伍建设是保障线。学校在学生处下设宿舍文明建设科和学生社区总值班室,由一名副处长分管。每幢楼有驻公寓辅导员,并设置了楼层长、寝室长,建立了稳定的公寓学生工作队伍。组织辅导员开展了"说学情、说楼情"大赛,通过活动、比赛进一步提升了队伍的素质,健全了学生自律委员会。

六、搭建"六大平台",保障学生工作体系运行

公寓学生工作涉及学生处、保卫处、后勤处、组织部、宣传部等诸多部门,涉及教育、教学、管理等多个方面,构建公寓学生工作体系需要搭建相应的支撑平台并予以保障。

学生思想政治研究会是基于工作的研究平台。基于工作的研究和基于研究的重点工作推进,是做好当前学生工作的重要方法。学校以学生思想政治工作研究会为平台,鼓励辅导员积极申报各级各类课题,如省哲社课题、教育厅思政专项课

题、中国高等教育学会学生工作研究分会课题、中国职业技术教育学会德育工作委员会课题等。自 2010 年起，学校为辅导员设立了思政专项课题，每年都开展班主任、辅导员论文和案例征集工作。在思政专项课题和征文中，均设立德育生活化、文明寝室建设等选题，开展问题导向、基于学情的研究，并以研究成果反哺学生工作，进一步增强了工作的针对性和有效性。

明理学院是素质教育资源的统筹平台。2009 年，学校成立了明理学院，重点开展"明德理、明情理、明学理、明事理、明法理"的教育。明理学院开设了"职业生涯规划与发展""大学生诚信文化理论与实践"等明理课程，将公寓生活常识与行业规范要求纳入教学内容，组织学生学习《文明"七字诀"》《寝室文明歌》等，加强学生的文明礼仪及行为习惯养成教育，进一步促进了文明寝室建设。

"学习生活指导"课是德育生活化的教学平台。"学习生活指导"课于 2007 年开设，旨在帮助大一新生尽快适应大学生活，指导其成长成才。课程从"我的金院""我的生活""我的学习""我的发展"等几个方面开展教学，并结合学生的课外活动加强学生的学习生活指导。在课程设计上，更加注重内容的职教化、本省化和校本化，为德育生活化提供了教学平台。

新媒体是正能量的传播平台。学校建立了多层次的微信、微博等媒体平台，如利用浙江金融职业学院微信平台、平安金院微信平台、学生会微信平台、团委微信平台和学生自律委员会微信平台等向学生宣传学校动态、传播校园文化、传递核心价值观、发布各类信息等，既服务了学生学习生活，又加强了核心价值观教育，传播了正能量。

学生事务大厅是便捷学生的服务平台。2012 年暑假，学校投入 70 余万元，对原学生发展中心一楼大厅进行改造，建成了设施先进、功能齐全、环境优美、面积近 1000 平方米的学生服务大厅，大厅分为学生事务服务区、校园文化活动区、休闲生活区等三个区域。学校通过合理设置窗口服务学生事务：设置岗位对接窗口，增强服务功能；出台工作制度，完善工作机制；创新活动载体，注重文化育人；增强阵地意识，强化思想育人等。完善学生事务大厅功能做到了依托大厅服务学生学习生活，坚守阵地助推学子健康成长。该项目获得了省委教育工委第五轮"高校支部建设创新活动优秀项目"。

处室系部联动是推进文明寝室建设的保障平台。公寓工作涉及学校工作的方方面面，涉及诸多处室系部。学校公寓学生工作在学生工作委员会领导下，由学工部牵头，会同保卫处、后勤处、组织部、宣传部、体育部、各系部等多部门，通力合作，齐抓共管，协同推进，取得了较好的成效。

七、存在的主要问题

近年来,我院积极探索公寓学生工作体系建设,并且取得了明显的成效,但是社会化管理学生公寓仍然带来一些问题。由于住宿费用十多年未上调,加之社会化公司运行上的困难,其对物业及管理服务的投入较少。尽管自 2012 年以来,我院每年均投入几十万元经费用于校外社区公寓的软硬件改善,但其与学生对公寓生活条件和物业服务的需求仍然存在较大的差距,楼管人员队伍素质与公寓学生工作的要求仍然存在较大的差距,学校、公司协同做好公寓学生工作仍然存在一定的差距。上述问题均需在今后的工作中不断加以改进和提高。

二〇一五年十月

【案例评析】

"校园文化对大学生的思想观念、价值取向和行为方式有着潜移默化的影响。优秀的校园文化,可以塑造人的思想品格、提升人的人文修养、陶冶人的道德情操。推进高校校园文化建设改革创新,能使大学生在日常生活和各种活动中感受到思想和文化的力量,起到春风化雨、润物无声的效果。""要通过开展文明课堂、文明寝室、文明校园等活动,培养学生尊师重教、注重礼仪、团结互助、友爱他人的思想品德。"[①]"第一社会""第二家庭""第三课堂"的学生寝室和每天度过三分之二左右时间的学生社区,是开展学生思想政治教育的重要阵地。在学生社区和寝室组织开展优秀的校园文化活动,对于提高学生的思想水平、政治觉悟、道德品质、文化素养,促进学生的精神成长和思想提升尤为重要。由于诸多原因,我院校外学生公寓由杭州紫元置业有限公司负责管理,校内学生公寓由浙大新宇集团负责物业管理。客观而言,目前的管理模式为我院的文明寝室建设工作增加了一定的难度。为此,我们投入了大量的时间和精力,构建了"一套制度、两片社区、三个主题、四季风情、五线交织、六大平台"立体化公寓学生工作体系,既形成了管理机制,也形成了良好的公寓文化氛围,在较为科学的管理机制和健康优秀的社区文化熏陶下,培育了一届又一届优秀的金院学子。

---

① 冯刚:《思想政治教育创新发展的四个着力点》,《教学与研究》2017 年第 1 期,第 28 页。

案例2 完善社区管理制度 促进文明寝室长效机制建设

——浙江金融职业学院学生社区总值班室制度建设

宿舍文明建设科副科长 谭 伟

我院 2003 年整体搬迁到下沙新校区,学生宿舍由杭州紫元教育投资有限公司提供社会化服务,我院学生宿舍管理和服务进入后勤社会化新模式。我院在进驻下沙新校区时便在学生社区设置了社区总值班室,这在全省高校的学生社区管理中属于首创,经过 12 年的建设和完善,该制度进一步加强了学生寝室管理工作,有效促进了文明寝室建设。

一、案例缘由

高校后勤社会化改革在促进教育资源优化配置、推动高等教育发展等方面起到了积极作用,但同时也出现了由于企业运营困难等原因导致对硬件投入不足、管理人员招聘困难等现象。为了有效克服高校后勤社会化所带来的弊端,密切我院与社区学生之间的联系,畅通信息渠道,及时了解和掌握社区学生思想动态和相关情况,加强对社区学生的思想政治教育工作,维护社区学生的安全稳定,在进一步做好辅导员驻公寓制度的同时,我院在学生社区设置了社区总值班室。

二、案例分析

(一)社区总值班室概况

社区总值班室是我院学生处派驻学生社区的一个工作机构,办公地点设在我院紫元学生社区 7 幢 201 室。社区总值班室配有 3 名工作人员,由学校聘请企事业单位退居二线、具有一定管理经验的党员干部和退休党员教师担任。社区总值班室工作人员以轮班的形式在社区全天候 24 小时值班,协助学生处做好相关工作。我院社区总值班室自 2003 年开始设置至今,共聘请过 15 位工作人员。截至目前,我院社区总值班共有 3 位工作人员,2 男 1 女。

(二)社区总值班室工作任务

社区总值班室作为学校、后勤公司和社区学生密切联系、畅通信息的桥梁和纽带,它的工作任务主要体现在三个方面:

1. 对学生公寓进行监督管理

掌握并熟悉驻公寓辅导员、宿管人员、楼长、层长的基本信息情况;负责驻公寓辅导员的值班签到、在岗巡查、谈心谈话记录和生情记录填写检查;不间断对各楼学生进行文明行为情况巡查,每天坚持检查各楼学生寝室内务整理和卫生情况,对发现的学生不文明行为以及寝室内务卫生状况不佳的情况及时进行劝阻和教育。

2. 对社区学生提供服务

上传下达,搜集和整理社区学生对住宿、餐饮等方面的意见、建议和相关诉求,及时向学校和后勤公司反馈,及时向社区学生传达学校对相关问题的处理意见和相关工作信息。与此同时,及时了解社区学生的思想动态和其他情况,通过巡查各楼,走访寝室,与家庭经济困难、心理状况不佳、个人行为屡次违反规章制度等重点帮扶学生谈心谈话等方式,协助做好社区学生思想稳定和安全教育工作;及时发现学生打架、财物被盗、上当受骗、心理疾病、意外伤害等社区突发事件,协助做好学生社区突发事件的处理工作,快速处理学生中发生的群体矛盾等。

3. 督促落实辅导员驻公寓制度

辅导员驻公寓是按照辅导员与学生同吃同住同成长的要求设计的符合中国国情的制度,对于学生的成长和辅导员的发展有着积极作用。我院社区总值班教师通过驻公寓辅导员的值班签到、在岗巡查、谈心谈话记录和生情记录填写检查等工作,将辅导员驻公寓制度落在了实处。

4. 与后勤公司沟通协调

及时了解各公寓楼、学生寝室中存在的设施设备问题,向后勤公司反馈,快速处理设施设备的维修、更换问题;及时了解社区学生在社区食堂就餐、社区商店购物、寝室用水用电等日常生活方面的问题,向后勤公司反馈,寻求解决;搜集和整理社区学生针对后勤公司在管理服务中的其他意见和建议,及时与后勤公司进行协调处理;等等。

(三)社区总值班室监督管理机制

我院社区总值班室直属学生处,由学生处对其进行监督管理。学生处在不断完善社区总值班室工作职责、明确社区总值班室工作任务和工作要求的基础上,实行社区总值班室工作职责、工作流程上墙制和工作人员挂牌上岗制:在社区总值班室门口张贴工作职责和突发事件处置流程,以及社区总值班室工作人员照片、联系电话,在社区总值班室所在的学生公寓 7 幢二楼有电子屏幕,滚动显示在岗社区总值班室工作人员姓名、联系电话、温馨提示等,便于学生了解和求助。同时加强对社区总值班室工作人员在岗情况、值班记录等的检查,制订社区总值班室工作人员激励考核制度,综合工作态度、工作成效等,于每学期末进行考核,按照一、二、三等给予适当的考核奖励。

(四)社区总值班室工作成效

社区总值班室自 2003 年设置以来,在协助做好社区学生思想政治教育工作、维护社区学生安全稳定等方面起到了积极作用。在社区总值班室,保存着多年来较为完整的社区总值班室工作人员值班记录、谈心谈话记录以及突发事件处理记录等。据统计,12年来,社区总值班室工作人员与社区重点帮扶学生谈心谈话600余次,平均每星期谈话1—2次,社区总值班室工作人员人均谈话40次;协助处理学生打架、夜不归宿、财物被盗、上当受骗、心理疾病、意外伤害等学生突发事件300余起。

三、案例经验

我院社区总值班室自设置以来,在推进社区学生思想政治教育工作、维护社区学生安全稳定等方面起到了积极作用,取得了较为明显的成效,主要有以下几个方面的经验:

(一)社区总值班室是基于需要的创新之举

它是顺应高校后勤社会化改革新形势和新要求的产物,它立足社会化学生社区实际,它的工作职责和工作任务切合社区工作需要和社区学生需求,较好地弥补了高校、后勤公司和社区学生三者之间在联系沟通以及教育、管理、服务中的空白。

(二)社区总值班室是基于实际的有效之举

一是社区总值班室工作人员是年纪较大、具有较为丰富的教育管理经验的老党员、老同志,他们立场坚定,作风正派,责任心强,工作认真,一丝不苟,为我院驻公寓辅导员、后勤公司社区公寓工作人员等树立了榜样。与此同时,作为长者,和蔼可亲,在情感上更容易被学生认同,他们丰富的人生经历和经验,也能在对学生进行教育管理、与后勤公司沟通协调、处置处理突发事件等方面起到加分作用,实践证明,也确实收到良好效果。

二是我院经过多年探索,不断完善对社区总值班室的监督管理和激励机制,切实发挥了社区总值班室工作人员的积极性和能动性,促进了社区值班室工作的有效开展。

三是与辅导员驻公寓制度协同配合,进一步加强了文明寝室建设。

二〇一五年十月

【案例评析】

制度是管根本的,管长远的,具有长期性和稳定性。"制度就是稳定的,受珍重的和周期性发生的行为模式。"①我院学生社区总值班室制度是从 2003 年整体搬迁到下沙新校区开始实施的。经过多年的运行,该制度日趋完善,成为社区学生教育管理工作的重要组成部分,为学生在社区的学习、生活提供了很好的服务,形成了工作机制。一整套的社区综治办管理制度,定期定时的公寓巡查,不定期与紫元公司或是学生处的汇报沟通,经常与学生谈心谈话,在发现问题中解决问题,如此日复一日,年复一年,发挥了学生处值班的督查作用、总值班教师的管理作用、辅导员驻公寓的教育作用,形成了教育的合力,为学校进一步加强文明寝室建设奠定了良好的基础。

---

① 塞缪尔·亨廷顿:《变化社会中的政治秩序》,王冠华等译,上海人民出版社 2008 年版,第 10 页。

案例3　增强学生体质　规范学生行为

——以"准军事化"管理方式实施学生早锻炼及寝室内务卫生管理工作

学工部　吴德银

为进一步深化学生"千日成长工程",提升实践育人成效,巩固学生军训成果,进一步提升学生体质,更好地促进学生养成健康的生活习惯,为学生在校 1000 天的优质成长打下坚实的基础,我院学生处、体育军事部、学生军训团联合以"准军事化"管理方式,开展了 2014 级学生早锻炼及寝室内务卫生管理工作。

一、案例实施缘由

我院从 2012 年开始,由部队转业的团职干部黄中梁担任团长,由学校招收的退伍士兵学生担任新生的军训教官,承担军训任务。2014 年国庆假期结束后,学校借助教官力量,正式推出了以"准军事化"管理方式实施学生早锻炼及寝室内务卫生管理工作,要求所有承担军训任务的教官,整个学期继续带领自己所执教的连队开展早锻炼和寝室内务卫生管理工作。其目的就是贯彻党的"德智体美"全面发展的教育方针,全面实施学生"千日成长工程",实现德智体美"四育融合"。同时也是为了充分发挥大学生"自我组织、自我管理、自我提升"的教育功能,引导学生把在军训中养成的良好作风带到学习、生活、工作之中,培养学生良好的生活习惯和高尚的道德情操。

二、案例实施分析

(一)实施时间

以"准军事化"管理方式加强早锻炼,实施时段为 2014—2015 学年第一学期的第 6 周—第 15 周。

以"准军事化"管理方式加强寝室内务卫生管理,实施时段为 2014—2015 学年第一学期的第 6 周—第 17 周。

(二)实施方式

2014 级学生早锻炼及寝室内务卫生管理期间,继续保持 2014 级新生军训团编制及人员职务,团部主要成员在职责范围内协助做好学生早锻炼及寝室内务卫生检查工作。

早锻炼实行军训团团部领导、学生管理值班教师、体育教师值班制度,同时军训团安排值周团长。各类值班人员均有明确的值班职责。每周一到周五由学生处处长、2014级学生军训团政委张鹏超,2014级学生军训团团长黄中梁,体育军事部主任、2014级学生军训团参谋长翁惠根,学生处副处长、2014级学生军训团副参谋长吴慧凤,团委书记、2014级学生军训团副参谋长谢峰轮流到晨练场地值班监督。

（三）实施内容

以"准军事化"管理方式加强早锻炼主要采取"错时、分类、考勤"的准军事化运行管理模式,即采用学校统一组织考勤打卡形式,以营为单位,在营长、副营长的带领下,各营以集体活动组织形式在规定的星期和集中时间,开展不同类别体能锻炼活动。

以"准军事化"管理方式加强寝室内务卫生管理主要采取两种方式:一是军训团检查。在寝室文明建设科的带领下,由军训团干事、营长、副营长、排长、自律委员会工作人员等组成若干检查小组,在规定的时间段开展2014级学生寝室内务卫生检查。二是各营自查。以营为单位,在本营干事的带领下,由本营营长、副营长、连长、系学生会工作人员组成检查小组,在军训团检查时间段之外,开展本营2014级学生寝室内务卫生检查,每周两次。

（四）考核奖励

为激励2014级学生继续保持军训的后效应,继续坚持军训中的态度、热度和强度,把在军训中养成的良好作风带到今后的学习、生活之中,以"准军事化"管理方式实施学生早锻炼及寝室内务卫生管理工作结束后,学校集中对表现优秀的集体和个人给予表彰和奖励。

三、案例成效及启示

（一）成效

以"准军事化"管理方式实施2014级学生早锻炼及寝室内务卫生管理工作,延续了学生在军训期间所形成的良好风气。相比往届学生而言,2014级学生的生活习惯有了较好的改变。大一学生内务卫生平均优秀率从86.19%提升到96.05%,学生的精气神明显变好,来不及吃早餐、带早餐进校园现象明显减少。学生上课迟到比例明显下降。在学校组织的学生体质测试中,2014级学生各项指标的达标率明显高于往届学生。

（二）启示

以"准军事化"管理方式实施2014级学生早锻炼及寝室内务卫生管理工作,给新时期如何做好学生工作带来了几点启示:一是坚持朋辈影响朋辈,由同龄人带动同龄人。退伍士兵学生相对于其他学生而言,具有年龄稍长、纪律观念较强、自理能力较好、体质较强健等特点,军训由退伍士兵学生担任 2014 级学生的教官,早锻炼和寝室内务卫生管理还是同班人马带领,同龄人的示范和影响远远大于班级老师的单纯说教,对学生的引导作用更强。二是顺势而为,搭建学生乐于参与、相互比拼的平台。对于早锻炼和搞好寝室内务卫生的重要性,每个人都心知肚明,但之前学生仅仅有想法,却无实际的行动,因为一个人坚持和一群人坚持,效果截然不同。学校在 2014 级新生军训后,适时推出以"准军事化"管理方式实施早锻炼及寝室内务卫生管理工作,搭建了一群人共同参与、相互比拼的平台,符合学生的心理,效果良好。三是计划缜密,多方联动方能显成效。本次以"准军事化"管理方式实施 2014 级学生早锻炼及寝室内务卫生管理工作,从刚开始的设想到计划的实施再到后期的考核,有一套严密的实施计划,确保了整个早锻炼活动和寝室内务卫生管理工作的圆满有序进行。同时,多部门间的协作联动,也是该项工作得以完美收官的有力保证。

二〇一五年十月

【案例评析】

身体是革命的本钱。曾几何时,关于大学生的体质水平下降的数据频现。其主要原因:一是高考前的应试准备,挤占了学生体育运动的时间,出现了多数学生以身体的欠账换取高考分数的短期效益的情况;二是高考后及进入大学前无规律的假期生活,使得学生虽在精神上放松了,却进一步增加了身体上的负担;三是进入大学生后,一部分学生自以为年轻,无视运动的重要性,一部分学生知道运动有益健康,却缺少坚持运动的毅力和恒心,虽有一定的自己可以安排的自主时间,却没有更多的学生将之投入体育锻炼之中。为了解决这个问题,学校在 2014 级新生军训后,适时推出以"准军事化"管理方式实施早锻炼工作。活动推出后,虽有少数学生或者教师略有微词,认为早锻炼影响了学生上午上课的效果,但考试前 2 周停止早锻炼后,出现了更多学生不吃早点、迟到等现象,使得此种说法失去了依据;经过座谈交流,基本扭转了学生片面的看法。活动推出后,学生的体测数据也逐渐好转,亦有力地辅证了该项工作的重要性。2015 年,我院体育军事部主动将此项工作纳入其教学管理范围,学生处、保卫处以军训团名义积极配合,持续坚持,取得了较好的效果。

2012 年 9 月 24 日,时任浙江省省长夏宝龙同志在全省大学生文明寝室创建活动启动仪式上指出:"寝室是大学生的'第一社会''第二家庭''第三课堂'。"著名教育家陶行知先生也曾经提出"生活即教育"的大教育观。一个文明的寝室,必是一个整洁的寝室。学校在 2014 级新生军训后,适时推出以"准军事化"管理方式实施寝室内务卫生管理工作,保留了军训的内务卫生的好做法,并将之延续到学生的日常的生活之中,使得多数学生养成了良好的生活卫生习惯,为学校文明寝室建设工作奠定了良好的基础。2016年上半年,江干区人大下沙小组、白杨小组以及省教育厅督查组对我院文明寝室建设工作给予了高度评价。

案例 4　把整洁留给学弟学妹　把文明带上工作岗位

——毕业生文明离校案例分析

驻公寓辅导员　俞　婷

高校寝室是学生学习和生活的主要场所，是学生真正意义上的"第一社会、第二家庭和第三课堂"，寝室内部环境在很大程度上体现着大学生的文明素养。近年来，为确保毕业生安全、平稳、文明离校，进一步展现金院学子的良好修养，我院在毕业生离校之际，组织开展了"把整洁留给学弟学妹　把文明带上工作岗位"活动，取得了预期的良好效果。

一、案例概述

每年毕业生离校期间，最让人头痛的莫过于其以非理性的方式发泄心中情绪，疯狂过后留下一间间满地狼藉的寝室。为引导毕业生文明离校，我院从 2013 年开始，连续三年在学生公寓组织开展了以"把整洁留给学弟学妹　把文明带上工作岗位"为主题的文明离校系列教育活动。文明离校教育包括教育学生爱护公共财物，遵守学校及寝室管理规定，不无故滋事，不乱扔垃圾，不吵闹喧哗，留下整洁与文明的痕迹。我院要求毕业生离校前再进行一次彻底的寝室清扫工作，为学弟学妹留下一间雅室，努力做到将整洁留给寝室，将文明留给母校，将感恩留给老师，将关心留给同学，将信心留给自己，将文明带上工作岗位。通过加强毕业生文明离校教育，引导广大毕业生争做"给母校留下好形象、给老师留下好印象、给低年级同学留下好榜样、给自己留下美好回忆"的新时代大学毕业生。

二、案例分析和处理

（一）活动理念

毕业生离校教育工作是学校学生教育与管理的一项重点工作，也是维护校园安全稳定和正常教学生活秩序的重要基石。如何引导毕业生文明离校，是学生工作者共同面临的问题。在毕业这样一个特殊阶段，学校要做的是设计开发出学生易于接受的形式，正面引导和教育他们。学校应高度重视毕业学生离校工作，把毕业生文明离校教育作为系统教育培养学生的过程中不可或缺的一部分来设计毕业离校环节。树立以人为本的理念，把握学生的心理特征，重视学生的需求，解决学生的难题，让学生在毕业时同样感受到入学时的温暖。以教育引导和关心关爱激发毕业生对母校的感恩之情，从而自觉摒弃不文明行为。

（二）活动内容

1.加强宣传，营造氛围

早在毕业生返校前夕，我院教学区和生活区的每幢楼前及主干道上就已悬挂起"将文明留给母校，将关心留给同学，将信心留给自己"等醒目的标语和横幅。与此同时，精心制作的"感恩金院、文明离校"的毕业离校温馨提示也贴在了社区各个寝室楼最醒目的位置，提醒着即将踏上工作岗位的金院学子们用实际行动把整洁留给母校，把文明带上岗位。

2.职责明确，层层落实

学校成立由分管学生工作的校领导担任组长的毕业生离校工作领导小组，制订毕业生离校工作方案，召开专题会议研讨并将毕业生文明离校教育工作层层落实到各级部门和具体人员。学校要求各系各班级在毕业生返校期间组织召开文明离校主题班会，将"把整洁留给学弟学妹　把文明带上工作岗位"作为班会重要内容予以动员布置，做好学生离校、上岗、爱校教育。教育学生爱护公共财物，遵守学校及寝室管理规定，不乱扔垃圾，不吵闹喧哗，不干扰他人休息，牢固树立"寝室是我家，文明靠大家"的观念。

3.肯定鼓励，激发动力

为提升毕业生文明离校的主动性和积极性，对于每一位在离校前将寝室打扫干净的毕业生，我院均向其赠送具有纪念意义的一套"四季金院"精美明信片。

（三）活动成效

与前几年相比，近三年来通过开展"把整洁留给学弟学妹　把文明带上工作岗位"的文明离校系列活动，毕业生在离校前的言行举止体现出来的更多的是一种理性的回归和文明素质的提升。在宿舍楼内，看不到遍地狼藉，取而代之的是一间间整洁如新的寝室。还有一些同学在书桌上给学弟学妹们留下了信件，表达了他们对母校的不舍与眷恋，以及大学三年的收获与感悟。谈及文明离校，宿管阿姨深有感触："几年前毕业生离校时寝室楼往往会成为重灾区，一些同学会通过采取不理性的方式发泄心中的情绪，而最近两年来提倡的文明离校，使许多毕业生自觉加入文明离校的行列中，宿舍卫生、秩序保持得很好，毕业生以力所能及的举动把整洁和文明留给母校。"

三、启示与思考

（一）文明离校重引导，凝聚力量抓落实

毕业生离校工作是一项系统工程，涉及全院多个部门、多个方面、多个环节，学校成立了由校领导为组长的工作领导小组，提前做好各项准备工作，凝聚力量抓落实。首先,层层分工明确职责,各系根据本系实际情况,制订切实可行的毕业生离校工作方案,充分发挥辅导员和广大教师的育人作用,积极动员各方面力量,形成合力,做好毕业生离校教育工作,努力做到责任到位、措施到位、服务到位、落实到位。其次,能否做到文明离校,关键在于思想的转变,使学生认识到毕业不是逃离而是新的开始。因此,文明离校重在做好引导和教育,结合毕业生思想和生活情况,制订出有特色、有针对性的教育活动方案,使文明离校逐渐成为一届届毕业生的必备素养和道德行为风尚。

(二)以生为本是宗旨,优质服务做保障

学校高度重视毕业学生离校工作,以服务学生为宗旨,以人文关怀为基调,以优质服务做保障,始终坚持"以学生为本"的理念,强化服务意识,以负责、高效的工作作风和耐心、热心的工作态度,为毕业生办理各种手续提供便利,让毕业生在热情周到的服务中走向工作岗位。学校通过提供优质的服务,让学生真真切切感受到母校的关心关爱,并且离校之际备感温暖,这也能成为促进毕业生自觉摒弃不文明行为的外部动力。同时,学校要及时掌握毕业生动态,加强特殊学生群体的教育引导工作,针对困难学生、未就业及其他特殊学生群体,做好谈心、沟通、引导工作,给予热情帮助和关怀,让毕业生舒心、愉快地离校。

(三)活动载体多元化,多管齐下促成效

学校紧紧围绕提升学生文明素质这一主要目标,有组织、有计划、有针对性地设计和开展文明离校系列活动,主动占领寝室这一重要阵地,巧妙地将活动内容与文明素质相结合,依托各类活动为教育载体,充分发挥寝室文化活动的教育、引导和凝聚功能,从而进一步深化毕业生文明离校意识,促进文明素质养成,营造文明雅致的寝室新风尚。

二〇一五年十月

【案例评析】

2010年6月,毕业生即将离校之际,我接到了电话,被告知我院在浙江水利水电专科学校(现浙江水利水电学院)住宿的毕业生在寝室高空抛弃点钞卷一事。我立即与分管学生公寓的副部长吴慧凤老师赶到浙江水利水电专科学校学生公寓楼。楼下打扫卫生的阿姨已经在清理环境,还有零零星星的点钞卷散落在地面。恰如一个惹了祸的孩子家长一样,我主动找到浙江水利水电专科学校学工部部长,向对方赔礼,并表示一定会进一步加强毕业生的教育工作。还好,同是学生工作者,对方并没有提出更多的要求。自此之后,每年毕业生离校之际,学工部均会加强文明离校教育。主动性原则是做好学生思想政治工作的重要原则之一。《礼记·中庸》有云:"凡事预则立,不预则废。言前定则不跲,事前定则不困,行前定则不疚,道前定则不穷。"为了发挥思想政治工作"减压阀"的作用,做到提前谋划,提前准备,化被动为主动,从 2013 年开始,学生工作部每年在学生公寓组织开展以"把整洁留给学弟学妹 把文明带上工作岗位"为主题的文明离校系列教育活动,取得了较好的效果。2016 年,在该项活动中又增加了学生志愿者到毕业生寝室回收点钞卷事宜,将基本没有损坏的点钞卷交给低年级学生循环使用,损坏的集中销毁。事后想想,扔点钞卷的学生也未必是对学校有意见,多数是一种情绪发泄而已。该案例给我的启示是,出现类似情况的学生是可以讲清楚道理的,是可以教育好的,关键在于作为负责学生工作的教师要开动脑筋,科学设计载体,将学生发动好、动员好。

案例 5　基于楼情分析的育人工作

——浙江金融职业学院驻公寓辅导员"说楼情"活动

驻公寓辅导员　王春花

为进一步加强学生工作队伍建设,贯彻落实学校《辅导员素质提升计划》文件精神和要求,我院学生处在每年年底组织开展驻公寓辅导员"说楼情"活动,活动受到院领导的一致肯定和高度赞扬。这些活动一方面更好地促进了全体驻公寓辅导员的社区工作,另一方面切实提升了驻公寓辅导员的职业能力。

一、案例概述

一直以来学校都非常关心和重视驻公寓辅导员的工作,明确要求全体驻公寓辅导员明确职责,爱岗敬业,勤于思考,做好本职工作,把驻公寓工作做真做实,做好做专,不断完善体系,加强管理,做好教育,做好引导。

要做到以上这些,首先是要了解楼情。因为了解楼情是做好学生社区驻公寓工作的出发点和基础,而说好楼情是做好学生社区驻公寓工作的技能之一。自2014 年开始,学校学生处组织开展"说楼情"活动,活动参加人员为全体驻学生公寓辅导员。

二、案例分析

（一）活动内容和形式

1.内容

驻学生公寓辅导员一学年或一学期所驻公寓楼的基本情况、主要分工、指导学生所做的工作、楼宇所取得的成绩以及不足之处等。

2.形式

采取演说的形式,配以 PPT,每人 5 分钟。

（二）活动流程

"说楼情"活动分为初赛和决赛两个阶段。前期通过校内外评委对 31 名驻学生公寓辅导员每人 2000 字左右文字材料的匿名盲评,最终有 20 人进入决赛。决赛现场,20 名参赛选手从工作开展情况、学情掌握情况、工作针对性和有效性、工作创新和亮点等多方面进行 PPT 演说和答辩。学生处邀请校内外领导、专家担任评委对参赛选手文字材料及个人演讲进行评比。活动设一等奖 2 名,二等奖 3 名。

对一、二等奖获得者给予奖励,并作为学校优秀辅导员评选的依据之一。同时,对于排在后 5 名的辅导员,由学生处向辅导员本人及所在系(院)党总支反馈意见,并由学生处和所在系(院)党总支共同对其成长提供必要的帮助和指导。

三、案例处理

(一)需要解决的问题

1. 及时掌握学生思想动态,确保社区安全稳定

学生的思想动态是最需要教育工作者关注的领域,全方位了解和把握学生的所思所想,才能将学生管理工作和教学工作更加贴近学生,使得高校各项管理工作与学生的思想发展变化相适应,也使学生思想发展和不断变化的客观环境相符合,常做常新,永葆生机。通过"说楼情"活动,驻公寓辅导员真正做到了解学生,理解学生,找到了工作重点和难点,能够更好地开展工作,最终确保社区安全稳定,真正做到因材施教,育人为本。

2. 做与说相结合,切实提升驻公寓辅导员职业能力

根据《浙江金融职业学院关于进一步完善辅导员、班主任工作机制的实施意见》文件要求,全体专兼职辅导员入驻学生公寓,并负责学生公寓的管理和文化建设等工作。"说楼情"活动正好给大家搭建了一个展示社区工作的良好平台,驻公寓辅导员通过分析归纳,认真梳理"说楼情"文字材料,进而结合 PPT 演示,把握思路,突出侧重点,发现问题并解决问题。

(二)所取得的成效

1. 全面掌握楼情,推进社区工作

通过"说楼情"活动,进一步营造了驻公寓辅导员加强学习、增强素质、推动工作的良好氛围。各楼驻公寓辅导员对所管辖公寓内的学生总数、楼层分布、学生类别、重点关注对象等做到了然于心,对楼宇情况如数家珍。在此基础上,各楼积极策划"邻居节""社区文化节"活动,邻里关系融洽,社区氛围更加和谐。

2. 搭建平台,给每位年轻辅导员老师出彩的机会

青年教师,尤其是学工一线的老师容易在烦琐的事务中自我困惑,从而在目标混乱的无谓中长久徘徊,消耗自己最珍贵的黄金年华。"说楼情"活动作为一项工作技能比赛,给年轻老师搭建了一个展示的平台。在比赛中一些有才华的辅导员脱颖而出,取得了荣誉和一定的奖励。荣誉和奖励是对他们工作的认可,让他们拥有成就感,更好地调整好心态,把社区工作做得既扎实又亮点纷呈。

3. 深化爱生理念,创建社区美好家园

每年的 5 月 23 日是学校的"爱生节",11 月 23 日是深化"爱生节"。社区是爱生的重要场所之一，每一次寝室走访，每一次值班谈心，每一次生病照顾……无数的每一次都在《辅导员生情手记》上记录下爱的点滴，师生互促互进，共建心目中温馨的"家"。

四、启示与思考

一是做得实，说得好。2015年5月，习近平总书记在浙江考察调研时提出"干在实处永无止境，走在前列要谋新篇"。同样，来自一线学工线的驻公寓辅导员老师更要将社区工作落到实处，经常在值班期间与楼里学生谈话，聆听他们的心声，不断给予关注和指导。做学生心目中的"救护车""防火墙"和"知心人"，用真心去对待每一位学生，用真情去打动他们、感染他们，用实际行动去引导他们。驻公寓辅导员工作既要脚踏实地，又要仰望星空；既要将工作做得实做得亮，又要大胆说出来，不断提升口头表达能力和人际交往能力。

二是提能力，增才干。成功不是偶然，而是来自一次次的用心积累。面对一项事务，勇敢面对，大胆接受，即便每一次接受或许都是一次阵痛，但同时亦是一次无可抵挡的成长。"说楼情"活动很好地引导辅导员对自身所从事的驻公寓工作进行理性思考，科学总结，不断明晰工作思路，有利于辅导员提高专业技能，提升业务素质，夯实工作基础，做好当代大学生健康成长的指导者和引路人。

二〇一五年十月

【案例评析】

驻公寓辅导员"说楼情"活动是吴慧凤老师提出并组织实施的一项旨在加强公寓学生思想政治工作的重要活动。该活动以比赛形式督促驻公寓辅导员深入了解所管理学生的群体性特征，深入学生寝室，走到学生中，了解学生在公寓的学习、生活、心理、思想等情况，有针对性地采取措施，做好教育管理工作，更好地关心学生成长，关爱学生进步。同时，活动有效地提升了辅导员说的能力、写的能力和做的能力，更好地展示了优秀辅导员的风采。

案例6　明寝情　增友情　促亲情

——浙江金融职业学院"寝室长说寝情"案例分析

驻公寓辅导员　王珠珠

寝室长是高校最"小"的学生干部,因为一个寝室长管理服务的对象不过是三五个同学;但寝室长又是最重要的学生干部,重要到浙江省委教育工委书记、省教育厅厅长刘希平曾强调:"寝室长原则上要由党团员和学生干部担任,要把这个担子交给他们。"要"努力提高学生在寝室卫生管理和文明建设中的'自我教育、自我管理、自我服务'能力"。为了加强寝室长队伍建设,提高寝室长的能力和素质,我院学生处在每年五月组织开展"寝室长说寝情"活动,表彰奖励表现优秀的寝室长队伍,为社区学生干部队伍营造良好的氛围。

一、案例概况

营造良好的寝室环境,离不开一支工作态度端正、业务素质强、表达能力好的寝室长队伍。为了进一步促进寝室长了解寝情,打造一支勤做、能说、会写的社区优秀寝室长队伍,自2006年开始,我院便开展了"寝室长说寝情"活动,通过"寝室长说寝情"活动来展开"标兵宿舍""标兵宿员"等社区先进单位和个人的评选,进而提高寝室长队伍的工作能力。该项传统活动已经延续了九年,总共评出先进寝室一百多个,是我院社区文化节的一个传统子项目,一般在五月下旬的诚信讲学堂等地举行答辩。

二、案例分析

（一）活动内容和形式

1.活动内容

社区寝室长汇报一学年或一学期期间所在寝室的基本情况、卫生情况的分工、寝室文化氛围、寝室所取得的成绩和不足之处,以及进一步加强团队建设的规划。同时,我们也在不断深化活动内容,如在今年的"说寝情"活动中,我们要求每个寝室制订具有自己特色的"寝室公约",以进一步发挥学生的自我教育、自我管理作用。

2.活动形式

按各系所报的各种类型寝室共分为六组,各组依次进行比赛,采取演讲的形式,配以PPT,寝室长每人3分钟。

（二）活动流程

"说寝情"活动分为系部推荐和学校竞选两个阶段。学校宿舍文明建设科发布《关于组织开展寝室长"说寝情"活动的通知》，每届由学校设定评选主题 5—6 个。第一阶段由各系学生以寝室为单位主动提出申请，各系对其进行初审并评比出系级优秀寝室长，每类寝室再推荐一个寝室长参加学校比赛；第二阶段由各系推荐的寝室长分组参加"说寝情"决赛，决赛现场参赛寝室长从寝室基本情况、卫生情况的分工、寝室文化氛围、寝室所取得的成绩和不足之处，以及进一步加强团队建设的规划等多方面，通过 PPT 演说进行答辩。

学生处邀请校内外领导、教师担任评委，对参赛寝室长的文字材料及个人演讲等表现进行评比。最终成绩由现场评委打分和平时寝室卫生检查成绩组成，各占50%。奖励各项类型的第一名的寝室长，并作为学校优秀寝室评选的重要依据之一。获奖寝室的寝室长将有机会被推荐参加浙江团省委"超级寝室长"评比。

三、案例处理

（一）需要解决的问题

一是切实了解寝情，安全维稳是第一。学生的大学生涯有近一半的时间在社区度过，寝室已成为学生学习、生活、工作的第二课堂，良好的寝室环境也是学生素质养成必不可少的育人载体。同时，寝室也是学生学习、生活、工作的冲突多发区。只有切实了解学生在寝室的基本情况、迫切需求、矛盾问题、团队建设、文化氛围等寝情，才能从学生的需求出发，及时化解寝室矛盾。"说寝情"活动促使寝室长全面了解寝室情况，及时发现寝室同学的困惑和问题，也有助于院系学生工作教师切实掌握学生的思想动态，顺利开展社区活动，为社区的安全稳定提供良好的基础和保障。

二是打造一支勤做、能说、会写的社区优秀寝室长队伍。根据《浙江金融职业学院关于深入开展学生文明寝室建设意见》文件要求，要把我院学生文明寝室建设工作落到实处，要发挥寝室学生干部作用。"说寝情"活动为默默工作在社区的寝室学生干部队伍搭建了一个良好的展示平台，各寝室长通过对一年社区工作的认真梳理，分析归纳，准确定位，突出重点，将日常工作做实做精，在活动中提升社区寝室长队伍的人文素质和职业能力，打造一支勤做、能说、会写的社区优秀寝室长队伍，为进一步加强文明寝室建设奠定了良好的基础。

（二）所取得的成效

一是掌握寝情，增进友情促进亲情。"说寝情"活动促进寝室长进一步了解寝室的基本情况，了解寝室同学的困难和需求，明确寝室存在的问题，思考并采取解决问题的对策;"说寝情"活动展示了寝室同学兄弟般的情感,进一步增进了寝室同学的友情,促进了寝室同学的亲情。

二是统一标准,提升寝室文化内涵。"说寝情"活动考查的是寝室长一个学期或者一年的工作,以及寝室在卫生、内务、安全和学风等方面的表现,也是优秀寝室的考核指标之一,该项活动提炼了寝室文化内涵,创新了寝室文化活动形式,贴近学生需求,效果良好。

三是搭建平台,提升寝室长的能力和素质。"说寝情"活动为默默工作在社区的寝室学生干部队伍搭建了展示的平台,通过设立考评机制等竞争方式,一些在日常工作中表现优异的寝室和寝室长脱颖而出,获得了荣誉和奖励。同时,活动也提升了寝室长的业务素质和工作能力,使其在服务学生的同时锻炼了自我。

四、启示与思考

注重队伍建设,加强自我管理,"说寝情"活动为寝室长队伍搭建了一个良好的展示平台,通过比赛,社区学生干部队伍建设能力和水平得到了极大的提升,有助于学生社区自我管理新模式的探索。"95后"大学生个性明显,如管理不当,容易滋生学生的叛逆心理和行为,因此要注重建立健全"管理育人"和"服务育人"相结合的管理机制。以寝室为单位,寝室长要总结提炼寝室文化特色,升华寝室文化内涵,同时也要增强自我监督的能力和意识,形成优秀寝室学生自我管理、自我服务的长效机制。

二〇一五年十月

【案例评析】

寝室是公寓中最小的组织单位。每一个寝室的卫生整洁了,环境美化了,人员团结了,形成良好的文化氛围了,学校的文明寝室建设也就成功了。但是,在现实生活中,要成功建设高校文明寝室确实不容易。随着我国经济社会的发展,人民的生活水平有了明显提升。虽然与20世纪八九十年代相比,现在大学生的寝室条件已有明显改善,但是却依然无法与多数学生自己家里的居住条件相提并论;加之入学独生子女占的比例较大的原因,学生寝室卫生脏、乱、差问题较为突出,同学之间在寝室的摩擦也较多,已经影响到寝室的环境和学生的人际关系。为了更好地解决这些问题,吴慧凤老师提出并组织实施该项活动。该项活动促进了寝室卫生的好转,营造了良好的寝室文化氛围,锻炼了寝室长的能力,促进了寝室长之间的工作交流,增进了寝室的亲情和友情,促进了学校的文明寝室建设。

案例 7　开展"两节"系列活动　加强社区文化建设
——以社区文化节、邻居节为载体推进社区文化建设

驻公寓辅导员　李　飞

社区文化是社区成员精神活动、生活方式和行为规范的总和。高校社区文化属于高校校园文化建设的重要组成部分,对于大学生整体素质的提高、社区良好风气的形成、校园的和谐稳定具有重要的意义。近年来,我院以社区文化节和社区邻居节为载体,进一步加强了社区文化建设。

一、案例概述

作为学校育人工作的重要阵地,我院始终注重在社区开展各类文化活动。按照分层教育引导、突出金融特色的要求,构建三年三阶段三个主题、四季四社区四季风情系列主题教育活动。

10—12 月,是全体学生学习充电的平稳期,是学生成长的季节,更是开展活动加强教育的黄金期。在这一时期,学校组织开展社区邻居节活动,共包含爱我家、筑我家、秀我家 3 个板块 26 项系列活动。学校确定 11 月 23 日为"深化爱生节"活动日,在 23 日前后学校安排的系列爱生活动中,将干部教师"进寝室、送温暖、增亲情"作为活动的一项重要内容。

3—5 月,春暖花开,是户外活动的最佳时节,是同学们播撒下梦想的种子,并为之奋斗的季节。结合该季节的特点,学校组织开展社区文化节活动,活动包含青春正当红、青春正学浓、青春正能量 3 个板块 32 项活动,通过活动讲述金院人自己的故事。学校确定 5 月 23 日为"爱生节"。每年"爱生节"前后,走进寝室,倾听学生的生活故事,进一步促进师生交流,将"爱生"落到实处。

截至今年,社区文化节已成功举办 11 届,社区邻居节已成功举办 5 届,其间,共举办各类学生喜爱的活动 600 余项,参与学生超 80000 人次,学生参与人数众多,获益面广。

二、案例分析和处理

一是开展专题培训,提高安全意识。安全稳定是社区文化建设的前提,是社区管理工作的首要责任。在每年的社区文化节和社区邻居节中,学校均分年级、分楼宇组织开展楼管人员和寝室长的安全、消防、心理健康知识专题培训及消防应急演练,提高了学生避险能力,增强了学生自我保护意识和学生公寓管理人员对突发事

件的应急处置能力。

二是加强卫生检查,净化寝室卫生。学生处宿舍文明建设科每天早晨都会安排辅导员及社区总值班老师,抽查学生宿舍卫生及违规使用电器情况,并将抽查结果在各幢宿舍的宣传橱窗予以公布,同时会通过学校OA内部邮件系统向全校老师予以公告。每周三下午,安排辅导员老师、社区总值班及自律委员会成员,对各系的学生宿舍卫生及违规使用电器情况予以普查,根据普查情况,评选优秀、合格、不合格寝室若干,并在各幢学生宿舍宣传橱窗、学校OA系统公告栏、电子大屏幕上公布。对于不合格寝室,各系要查找原因,并与学生谈心谈话,进一步做好整改工作。通过检查、抽查、通报、谈心谈话乃至批评等手段,进一步净化了寝室卫生,为文明寝室建设奠定了良好的基础。

三是促进邻里互动,增进同学友谊。各楼宇所住学生来自不同系别不同班级,彼此互不认识,由于缺乏交往的主动性与合适机会,产生了楼内互不认识的情况,在社区文化节、邻居节期间,我们为公寓楼学生之间制造了大量接触和交流的机会。如第十一届社区文化节中2号公寓楼举办的"奔跑吧,楼宇"就是根据当下火热的娱乐节目《奔跑吧,兄弟》改变而来,通过撕名牌活动,促进了不同楼宇之间的交流和沟通,取得了良好的效果。又如,通过开展绅士学堂"男儿志""男儿强"系列活动,促进男生"走下网络、走出宿舍、走向操场",进一步增进了同学友谊。

四是组织评奖评优,增强集体荣誉感。以优秀组织、先进个人评选等活动为手段,增强师生对社区的认同感,增强学生的集体荣誉感。每届社区文化节均设标兵楼、标兵宿员、标兵宿舍、我最喜爱的宿管员、最敬业的宿管员、优秀宿管员、优秀驻公寓辅导员、优秀社区学生干事、优秀组织奖等,每届邻居节均设优秀组织奖、优秀社区服务之星、学生工作模范之星等,由各系部、各学生公寓楼、社区学生干部、宿管员、驻公寓辅导员根据申报条件和自身情况积极申报相关奖项,由院学生处组织相关部门及学生组织评审产生。

三、启示与思考

一是发挥教师的主导作用,统筹设计社区文化活动。每年的社区文化节和社区邻居节,除了保留受学生喜爱的历届社区文化活动外,学校还在学生中征集学生喜闻乐见的社区文化活动。在系列活动发布之前,学生处会有一名处长审核全部活动项目。社区文化节和社区邻居节力争将社会主义核心价值观教育渗透在活动中,以进一步突出活动的思想性。如在2014年的邻居节活动中,专门设计了"讲述金院人自己的故事——社区生活篇章"。在征文评比的基础上,将优秀的文章通过学生自律委员会微信平台每天向学生发送,并在社区楼宇内展示,通过身边事引导身边人。

二是发挥学生的主体作用,组织开展社区文化活动。学生是社区文化的建设者和享受者。在社区文化活动的开展中,发挥社区学生的主体作用,由学生干部组织开展活动既减轻了教师的压力,又贴近学生并锻炼了学生干部,一举多得。在活动的开展中,坚持以面向社区为主,以社区活动场所为主,方便了学生,深受学生喜爱。

二〇一五年十月

【案例评析】

学生社区居住着一大批有知识、有文化、有理想、有抱负的年轻人。为这批年轻人搭建展示智慧的舞台,提供丰富多彩的业余文化生活,是我们学生工作者的职责所在。多年来,学校以教师为主导,注重社区文化活动的导向性,探寻不同群体学生的特点、不同季节活动的规律性,做好活动的顶层设计;以学生为主体,发挥学生的聪明才智,使其既是组织者、执行者,又是参与者、创新者,开展了大量的校园文化活动,深受广大学生的喜爱。每年的社区邻居节、社区文化节开幕式和闭幕式时均有分管校领导参加。为了更好地锻炼学生干部的能力,开幕式和闭幕式上一直坚持由学生干部来主持,虽然学生主持偶有差错,但是我们相信,将学生活动的主阵地交给了学生,学生在其中必是得到锻炼的,必是受益的。

案例8　金院"和事佬"　同伴创和谐

——社区学生矛盾自我调解机制建设

驻公寓辅导员　王　琴

"和事佬"作为一种颇具弹性的调解力量,对学校调解制度又是一个重要补充,在具体的纠纷调解中十分便捷有效。"和事佬"调解机制与传统的调解制度相比,更具有鲜明的"草根性",工作方式更加灵活、更贴近学生。我院社区"和事佬"工作小组由学生处牵头,各系(各楼)为主要工作单位。产生于社区当中的"和事佬",在学生中威信较高,自身也愿意为社区建设出力。"和事佬"调解机制中的学生,既熟悉社区情况,又能通过法律知识和调解技巧对事件进行调解,具有较强的分析能力和协调能力。"和事佬"的主要职责是调解社区内的学生纠纷,走访学生,了解掌握社情民意,向社区、党组织传递信息,做好信息收集、反馈等工作;向社区学生宣传政策、法律法规,提高学生素质,促进学校和谐。

寝室是大学生生活和学习的主要场所,良好的寝室关系不仅可以促进同学们的学习,促进同学们身心的健康成长,还可以让同学们的生活充满阳光和回忆。本文以工作中遇到的一个真实案例,对学生调解员在处理大学生寝室中存在的关系问题进行了分析和思考,提出一些处理寝室矛盾的基本思路和方法,期望能够起到一定的借鉴作用。

一、案例简介

对于2014级的学生来说,国庆假期的结束意味着大学学习生活的开始,来自不同地方的同学互相讲述着美食、趣事、成长等。寝室里的毛毛出于对宠物的喜爱,从外面带回了一只仓鼠,问题也就来了,寝室里的其他三位同学对此表示不满,并向辅导员反映了这一情况。根据《学生手册》中的公寓管理规定,寝室不允许养宠物,据此辅导员向毛毛说明了相关规定,并劝毛毛将宠物送走。送走仓鼠的当晚,晚自习结束后毛毛没有准时回寝室,电话关机,寝室楼委向辅导员反映情况,辅导员及时组织人员寻找毛毛,半小时后在寝室附近找到毛毛。辅导员对毛毛和寝室其他三人进行了调解,发现该寝室矛盾由来已久,谁也不愿意和解。辅导员也与双方家长进行了沟通,但是收效甚微。正当束手无策的时候,我们想到了我系社区"和事佬"小楠同学,于是请她帮忙。三个星期后,毛毛寝室的寝室长发短信给辅导员,说在学姐的帮助下寝室关系正在慢慢变好。

二、案例分析

社区"和事佬"小楠同学经过认真细致的调查后,了解了这个寝室学生的基本情况和导致矛盾升级的前后经过:毛毛性格强硬,言语直接,有时候话语伤害了别人也不知道,独立生活能力较差,经常忘记值日或者值日的效果不理想,生活习惯与其他三人不统一,此次又带来仓鼠,导致寝室内务检查经常被扣分。为此大家把矛头直接指向毛毛,经常有语言冲突,相互不理睬,形成了三对一的矛盾局面。寝室其他三个同学性格开朗,但是对毛毛忍无可忍,这次仓鼠事件激化了矛盾,成为这次宿舍矛盾的导火索。

了解清楚寝室矛盾的关键结点之后,小楠首先从毛毛开始做工作。因为小楠是学姐,毛毛比较容易向小楠敞开心扉,讲述自己内心的想法。她其实很孤单,性格原因导致她在班级里面也没有好朋友,小楠的亲切和蔼,让她一下子拉近了与毛毛的距离。小楠经常会拉着毛毛去参加学校系部的一些活动,让毛毛多与其他同学交流,也会布置一些系部的学生工作让她帮忙做。每次轮到毛毛值日的时候,小楠会去寝室指导她如何整理内务,在学姐的感染下,毛毛不好意思偷懒,每天认真做好自己的内务,接连几次检查都得到了优秀。毛毛的生活习惯也尽量与其他同学保持一致,逐步养成了集体观念。

同时,小楠与寝室其他三位同学不断进行沟通,让她们也尽量改掉自己晚睡晚起的生活习惯,四个人尽量作息时间一致,互不影响。在经过小楠一段时间的关心和帮助后,宿舍的气氛就没有那么紧张了。在学姐的建议下,四个人心平气和地坐下来,推心置腹,摒弃前嫌,化干戈为玉帛。她们之间的矛盾在很大程度上得到了缓解,因此也更加认可学姐的工作,从而积极配合学姐,接受学姐的调解。

就这样经过一段时间的过渡,她们的矛盾基本上化解了,整个宿舍关系变得和睦了,为了巩固调解的成果,小楠定期走访该宿舍,了解学生相处的情况,及时将发现的问题处理好,帮助她们建立了一个和谐的学生集体。

三、启示与思考

作为教师,很不希望学生在寝室出现这样的问题。但是随着独生子女自我意识凸显以及对教师调解的反感,为了解决这个问题,也为了保护学生的自尊心,让他们能够和睦相处,我们从2014年9月开始在学生社区尝试开展社区"和事佬"工作,利用朋辈的力量去做调解,处理寝室矛盾又多了一个有效途径。利用朋辈力量去处理寝室矛盾有以下几点启示与思考。

(一)社区"和事佬"作为朋辈调解员,更有利于走近学生开展工作

学生调解员作为学生的学长学姐,比老师更容易走近学生,特别是我们学校女

生占大部分,女生寝室矛盾比较凸显,设立一批学生调解员,对于建设文明寝室有着积极作用。特别是"95后"的学生,对于老师的教育时常表现出抵触的心理,但是对于朋辈的引导还是乐于接受的,愿意去接受朋辈的教育,调解效果也更加明显。

(二)设立社区"和事佬",首先要选对人

社区"和事佬"就是学生调解员,一般由同学选出班里、系里公认最正派、最公正、最有人缘的几个学生做学生调解员,让他们调解学生中的小矛盾、小问题。这样不仅可以大大减轻班主任、辅导员的工作压力,而且可以锻炼学生能力。在调解学生矛盾的过程中,调解员一定要站在公正立场上,以第三方的角色出现,这样才能保证矛盾冲突得到公正的处理。

(三)社区"和事佬"要定期加强培训

要定期开展社区"和事佬"培训,要告诉这些调解员,什么事可以管,什么事不在工作范围内,什么事可以做主,什么事必须请示老师。"和事佬"要调解的同伴问题大约有多少种类,工作程序如何,有哪些策略,可能遇到哪些困难,如何应对等等。绝不可以选出几个学生就贸然让他们出击,出现问题却埋怨他们。

(四)社区"和事佬"需要后续跟踪关怀

社区"和事佬"在做有矛盾学生的思想工作外,还需要用友情积极做好他们的心理工作,创造条件让矛盾双方坐在一起,推心置腹,摒弃前嫌,化干戈为玉帛,要让他们意识到,大家毕竟同学一场,要珍惜这来之不易的缘分。为了巩固调解的成果,社区"和事佬"要定期走访学生宿舍,后续跟踪和关怀学生,了解学生相处的情况,及时将发现的问题处理好,积极帮助建立一个和谐的学生集体。

(五)社区"和事佬"适用范围

建立社区"和事佬"的同伴调解制度,并不是说学生中发生的任何问题都可以交给学生调解员来解决。同伴调解是有一定适用范围的:①学生因谣传和闲言碎语而起的矛盾;②学生小规模的打架、吵嘴;③学生之间关系不和谐;④后果不太严重的欺骗和偷窃事件;⑤意见不合或对某事观点不一致而导致的矛盾;⑥课堂内外的小冲突;⑦其他矛盾。严重的学生问题或调解无效的,要教师出面解决。

二〇一五年十月

【案例评析】

随着人们的生活水平的提高,学生入驻学生宿舍进行集体生活的生活条件,相对而言不如家里的生活条件;随着95后独生子女学生入学,学生更加注重自我的感受,由此,学生之间的摩擦逐渐增多。学生之间有摩擦,甚至出现矛盾并不可怕。大学本身就是一个小社会,大学生活就是学生学习知识、增长能力、提升素质的关键时期,也是学生进入社会前的过渡时期。大学生也是在出现矛盾、处置矛盾中成长的。学生的矛盾,一种是完全靠学生自己以双方能够接受的方式解决,另一种则是需要外力介入,帮助学生解决出现的问题。"和事佬"调解机制便是一种以学生易于接受的学长学姐介入帮助解决矛盾的工作方式。虽然"和事佬"调解机制也不能解决所有出现在学生身边的矛盾,但是"和事佬"调解机制为学生解决矛盾提供了一个很好的可选择的方式。当然,我们也要客观地认识到,该机制在我院运行的时间还比较短,仍需要不断调整、补充、完善。

案例 9 深化事务大厅育人功能 增强阵地意识助推成长

——以学生事务大厅为载体深化育人工作

学工部 吴德银

2012 年暑假,我院投入 70 余万元,对原学生发展中心一楼大厅进行改造,建成了设施先进、功能齐全、环境优美、面积近 1000 平方米的学生事务大厅(以下简称事务大厅)。作为事务大厅的日常管理部门,我院学生处、团委以大厅为平台,坚守育人阵地,创新育人载体,在服务学生学习生活、引领学生发展、促进学生成才等方面开展了多项卓有成效的工作。

一、案例缘由

学生既是学校的培养对象,也是学校的服务对象。为学生成长成才提供多方面服务,是高校学生管理工作的重要任务。为巩固和扩大党的群众路线教育实践活动成果,切实加强和改进学校各项学生服务工作,努力为学生解难事、办实事,我院不断巩固深化"关爱学生进步、关注学生困难、关心学生就业"的人才培养理念,进一步加强和改进以学生需求为导向的支持服务体系建设,以"方便学生办事,解决学生困难,维护学生权益,促进学生成长"为宗旨,以学生事务大厅建设为平台,推出了"一站式"学生事务服务模式,积极搭建了集教育、管理、服务于一体的新的学生工作平台。

二、案例分析

(一)学生事务大厅基本情况

学生事务大厅位于学校浙商学生发展中心一楼,紧邻学生社区,占地面积近 1000 平方米。大厅设有"学生事务服务、校园文化活动、休闲生活"三个区域。学生事务服务区常年开辟 11 个窗口:中国电信业务办理窗口、中国移动业务办理窗口、帮困助学服务窗口、综合事务服务窗口、理财咨询窗口、学平险服务窗口、就业指导服务窗口、考证考级咨询服务窗口(车票代售窗口)、教务管理服务窗口、学历提升咨询服务窗口、一卡通业务办理窗口。新老生报到、毕业生离校时,各窗口按照工作需要灵活设置,用于一站式事务办理。

(二)学生事务大厅主要做法

一是合理设置窗口,服务学生事务。我院在学生事务服务区设置了 11 个一体化业务咨询与办理的窗口,让学生能在大厅接受有关学习、生活指导的一站式服务。其中,一卡通充值服务窗口正常上班时间开放,由专门教师坐班负责;综合事务服务窗口与帮困助学服务窗口由学生处有关科室及公开招募的学生志愿者负责,做好大厅服务咨询、师生沟通协调及资助政策宣传咨询、勤工俭学岗位招聘培训等工作;车票代售窗口由汽车客运中心专人负责,为学生提供节假日返乡车票购买服务;电信、移动业务办理窗口由电信、移动公司专人负责,做好学生通讯服务工作;理财咨询,学平险办理与咨询,就业指导服务,考证考级服务,学历提升服务,教务管理与咨询等窗口由投资与保险系专业教师、招生就业处、实践教学中心、教务处、学生处、成人教育处等部门派老师每周三下午各值班半天,其他时间由该部门培训的勤工俭学学生值班服务。在新老生报到、毕业生离校时,各窗口根据工作需要,由相关部门老师负责业务办理。大厅运行以来,做了迎新生、毕业生离校期间学生的手续办理、咨询等工作,服务了学生日常生活,得到了学生认可。

二是岗位对接窗口,增强服务功能。为实现学生处、团委等学生事务大厅日常管理部门与大厅零距离、服务学生零间隙,2012 年 9 月,学生处、团委全体人员的办公场所从学生发展大厅的三楼搬迁至一楼,紧挨大厅,使得学生在大厅办理各项业务时,遇到问题能第一时间找到学生管理部门的相关人员,学生处、团委的全体人员能够经常性地走到大厅,做好与学生的零距离沟通。同时,结合岗位特点,学生处、团委全体老师一对一对接大厅的各办事窗口,负责协调有关部门的现场业务办理、咨询与引导等工作。通过"办公室门对牢大厅门""岗位对接窗口"等措施的实施,学生处、团委等部门成员的责任心和服务意识明显增强。

三是出台工作制度,完善工作机制。为加强对事务大厅的管理,推进工作制度化、机制化,我院专门出台了事务大厅管理方案、窗口业务办理、大厅勤工俭学学生日常管理规定等制度,促进了该大厅的高效有序运转,切实发挥了大厅的育人功能。

四是创新活动载体,注重文化育人。以"诚信文化、金融文化、校友文化"为核心内容的"三维文化"是我院的校园文化品牌。为了将"三维文化"潜移默化地渗透到大厅服务育人的环节中,我院在大厅校园文化活动区和休闲生活区设置诚信书架,定期更换报纸杂志供同学自主借阅、自主归还,摆放诚信伞,定期公布学生诚信指数,加强学生的诚信教育;联手投资与保险系在大厅设置理财广角、保险咨询专区,每周定时间安排专业理财人员和保险代理人员为学生提供咨询服务;同时在大厅摆放校友捐赠的触摸屏电脑显示设备,将历届毕业生合影、优秀校友风采照等集中存储于该触摸显示屏中,供学生浏览。

五是增强阵地意识,强化思想育人。我院在大厅合理设置相关设施,积极开展育人活动,形成了全方位的育人格局。大厅设有数字电视、全彩 LED 显示大屏幕、功放机、投影仪器等设备,学校利用该阵地免费播放经典视频,丰富学生的周末及课余文化生活;播放《新闻联播》,组织学生党员观看十八大、十八届三中全会等实况,积极开展时事政策教育;播放省十佳大学生颁奖大会、学生"千日成长工程"颁奖晚会等,积极开展朋辈自我教育。在大厅校园文化活动区,学校还经常组织开展"革命老歌大家唱""十八大知识竞赛"等红色经典活动。我院利用上述场所开展了大量学生思想政治教育活动,强化了思想育人工作。

(三)学生事务大厅建设成效

事务大厅本着"以生为本"的原则,一站式的业务办理为学生提供了极大的便利,节省了学生大量的时间。自学生事务大厅启用以来,共接待其他机构及兄弟院校来访100余次。时任中国工商银行行长易会满,时任浙江省委教工委书记刘希平,共青团浙江省委书记周艳、副书记朱斌等领导都曾亲临事务大厅检查指导工作。2013年3月23日,教育部职成司司长葛道凯视察我院事务大厅,对大厅给予高度评价。我院事务大厅育人项目还获得省委教育工委第五轮高校支部建设创新活动优秀项目称号。

三、案例启示

我院在学生事务大厅的建设实践中,不断探索和思考,在便利学生学习生活、服务学生成长成才方面取得了较好的成效,也形成了一些经验和启示。

第一,创新工作理念是核心。作为育人工作模式的一次创新实践,学生事务大厅在顶层设计上需要突出三大转变:一是工作理念由"以管理为中心"向"以服务为中心"转变;二是工作设计由"方便管理者"向"方便学生"转变;三是工作模式由"同质性要求、控制性规划"向"回应学生个性化发展诉求"转变。只有实现这三大转变,方能在提升服务质量中使学生工作得到学生的广泛认可与支持,拉近学生与教师、学校之间的联系。

第二,多部门协调联动是关键。由于学生事务大厅实行的是多部门进驻的一站式业务服务流程,为此,大厅各项服务工作的高效开展离不开职能部门间的协调推进。进驻的各部门需要通过定期召开例会及研讨会,统筹规划窗口的服务质量及工作流程优化事宜,避免出现互相推诿的情况发生,真正让一站式的窗口服务惠及广大学生。

第三,加强队伍建设是基础。学生事务大厅的日常运作,离不开一支高素质的工作队伍。可以尝试实行职能部门老师和学生志愿者相结合的值班队伍制度。除了每周固定的由职能部门的老师坐班外,其余时间均可以由公开招募的学生志愿者值班。对值班的学生志愿者,需要由对应的职能部门加强业务培训。一来可以减轻职能部门工作人手紧张的问题,二来可以促进学生自我管理、自我服务能力的提升。

　　第四，完善机制建设是保证。制度是管长远的。学生事务大厅要可持续建设，必须要有一系列配套机制来保证。主要应包含事务大厅日常管理规定、窗口业务办理规范、业务部门值班制度等。只有制度健全并在实践中不断完善，方能使事务大厅规范化运行，科学化发展。

二〇一五年十月

【案例评析】

　　事务服务是学生工作的重要组成内容。学生事务大厅是浙江省对高校提出的服务学生的重要平台。为了将大厅建好，为了更好地服务学生成长成才，我院注重以"诚信文化、金融文化、校友文化"育人，在做好学生事务服务的同时，进一步深化了大厅的教育功能，加强学生的思想政治教育，将事务大厅建设成了融事务办理、互动交流、学生活动、休闲娱乐为一体的综合性育人阵地，可谓一举多得，收获颇丰。

第二章
辅导员"说学情"工作案例及评析

为进一步加强学生工作队伍建设,提升辅导员职业能力,交流辅导员工作经验,从 2012 年开始,学校组织开展辅导员"说学情"大赛。现将 2016 年组织开展的第五届辅导员"说学情"比赛和 2018 年组织的第六届辅导员"说学情"比赛的优秀案例进行汇编并予以点评。为了更好地与辅导员工作相结合,第五届及第六届辅导员"说学情"比赛做了具体调整,以第五届为例,其与前四届的不同之处在于:一是要求 2014 年、2015 年担任辅导员的老师侧重说学情,所说"学情"起止时间为 2015 年 1 月 1 日至 2015 年 12 月 31 日。具体做到"七说",即说学生情况、说学生特点、说工作定位、说工作内容、说工作方法、说工作创新、说工作成效。其中说学生情况和说学生特点至少占全部内容的 60%。二是 2013 年及以前担任辅导员的老师(包含学工办主任)说工作案例。首先是案例的选题范围。案例可围绕思想政治教育、党团建设、学业指导、帮困助学、文明寝室建设、日常事务管理、职业生涯规划和就业指导、心理健康教育与咨询、网络思想政治教育、竞赛指导、危机事件应对等方面选题撰写。其次是案例的文本内容。案例要选取 2015 年度辅导员亲身经历的事件或工作。案例对象可以为某一学生,可以为某一学生群体,可以为某一事件,可以为某一项工作,采取一案一例的方式叙述。案例可以围绕案例背景、案例分析、解决思路、实施办法及相关启示等方面进行阐述。案例背景应简要概述案例情况;案例分析应运用教育学、心理学、管理学等多学科视野对案例进行深入分析,包括案例所要解决的主要问题、案例发生的原因、处理的方法步骤和具体效果等方面;通过对案例的深入分析,提炼出开展同类教育工作的经验和工作理念,找出学生成长的内在规律。三是分为初赛和决赛两个环节,初赛以材料为准,规定 8 名学工办主任以及评比出的 8 名辅导员参加决赛。最后成绩以决赛成绩排名。学工办主任组和其他辅导员组分开评分,分开设奖。四是如评委有疑问,可以提问,选手应予以回答。经过日常工作的积累,经过前四次"说学情"的锻炼,第五届、第六届比赛中的学情、案例精彩纷呈,现精心选择如下。

案例1 加强学生干部培养 培育未来支持型校友
——对团学干部培养模式的探索与思考

会计系 王琴

一、案例背景

在开展学生工作时,学生干部起着非常重要的作用,包括在思想建设中的表率作用、组织建设中的凝聚作用、学风建设中的感召作用、制度建设中的管理作用等等。学生干部也是与教师接触最多的一个群体,他们是最了解学校办学宗旨和系部育人模式的学生,是校园第二、第三课堂的积极组织者与实践者,所以他们也是一批可塑造的未来的支持型校友。

笔者2014年1月担任系团总支书记后全面分管系部团学工作,3月新学期开学,在工作过程中发现团学干部对工作依赖性较强,主动性较差,工作不落实到个人就对工作视而不见,只有当老师分配任务时才行动,一般很少积极主动地去开展相关工作。学生干部间存在工作的相互推脱,团队合作意识淡薄,不仅影响团学工作的进程,也对团队的向心力、凝聚力造成不良影响。

二、案例分析

团学干部中为什么会存在这样的情况?主要有以下几个原因。

(一)学制短,成长锻炼创新时间少

在三年制的学生管理中,我们的团学工作存在一种现象:一年级的学生干事工作积极性很高,但是经验不足,经常不知道从哪里开始着手工作,只得按照高年级学生干部的要求去工作。有一定经验的二年级学生干部上任后忙于订单招聘、就业准备,对角色认识存在偏差,积极性也逐渐缺失。一般系部三年级的学生基本上不担任团学干部。这就造成了换届就是"大换血",导致团学工作延续性差、磨合期长,因为工作的时间比较短,他们往往只是简单重复上一届工作,缺乏长远性和系统性,基本上没有什么创新的内容。

(二)团学干部责任感与功利心并存

大部分学生干部有着较为成熟的思想,勇于承担责任。对于担任学生干部的主要动机,协助学校进行学生教育和管理、锻炼能力、服务他人和提高自身能力素质是广大学生干部所认可的共同观点,在担任学生干部各种动机中占据主流。但

是,在社会改革不断发展和多元化思潮的影响下,一部分学生为了各种现实利益和便利,怀着一些不正确的动机加入学生干部队伍,其思想和行为也表现出了越来越明显的功利色彩。有少数学生干部把担任学生干部的岗位作为显示自己优越感的"筹码",甚至有些人把此作为入党、就业的捷径,缺乏团队精神。

(三)学生干部存在"重使用,轻培养"现象

在工作中,存在一种使用学生干部就是培养学生干部的错误观念,这些观念严重地影响了高职院校学生干部队伍建设的质量。对学生工作中岗位做事方面培养得多,而忽视理论素养方面的培养,使得一些学生干部成了"邮递员""传话筒",在处理工作时,思路不清,缺乏有效应对的能力,得不到真正意义上的素质提高。

(四)学生干部存在"做事多,思考少"现象

目前,对学生干部的考核工作,往往是以举办的活动是否成功为主要依据,学生干部都将工作重点转向各类活动的举办,放在了活动的成功与否及影响大小上,造成了其工作重心的过度集中,这样一来往往是活动多多而头脑空空,鲜见学生干部有成文的有关学生工作的总结与思考。

三、解决思路

作为学生组织的领导者,学生干部是联系学校与学生的桥梁,是学生实现自我教育、自我管理、自我服务的主要力量。加强学生干部队伍建设,我们必须站在以培育未来品质校友的高度来系统设计、开展此项工作。

(一)加强感恩教育,培养团学干部感恩意识

培育未来支持型校友,感恩意识的培养是第一步。可通过系列感恩教育活动让团学干部认识到,他们所获得的一切并非是天经地义、理所当然的。要感恩学校、系部、老师、同学给予的成为团学干部和提升综合能力的机会。要唤醒他们的爱心,让他们学会重视、尊重和感激别人对自己的付出,学会知恩图报的同时教会他们施恩不图报。感恩教育对于大学生完善人格、健全情感、提高团队协作能力、促进大学生综合素质的全面提高起到重要的作用。

(二)加强制度建设,提升管理水平

进一步优化团学工作制度建设,建立科学有效的管理体制,使学生工作制度化、规范化和科学化。我系团内制度文化主要指在道德、习惯层面上建立起来的,与学校、系部的培养目标、价值观念、管理理念相适应的,以文字表达的规章制度、公约守则、章程条例、行为准则等,包括《会计系团总支日常工作规范》《团支部工作制度》《班级文化活动申报制》《财务管理制度》《档案建设管理办法》《值班管理办法》《宣传管理办法》《例会制度》等。

（三）定期开展理论学习，创建学习型团学队伍

学生干部队伍是团组织的领头羊。学生干部的能力和综合素质，直接或间接影响着团组织的积极发展，建设学生干部队伍是团组织工作中不可或缺的重点，学生干部能力的锻炼与综合素质的提升是团总支的目标。作为团组织的领头羊，学生干部需要具备较好的政治修养、优秀的思想素质、高质量的知识储备、较强的工作能力和健康的心理品质。所以，我系积极创新，开展了极具特色的学习型团总支建设活动，旨在培养具有较高文化素质、优秀道德品格和较强工作能力的学生干部，通过每个月定期定量定点培训的手段、读书学习的方式落实学习型团总支建设工作，体现团总支以生为本的原则。

（四）开展集中培训，提升工作能力

每学期初制订团学干部培训计划，每周开展专题培训，从学习、技能、专业知识、办公能力、书面表达等方面入手，建立对学生干部集中培训制度。具体内容有学生干部的政治素养、工作模式、团队合作精神、预警机制、突发事件处理等，改变以往单一的培训模式，化集中培训为分化培训，即从进入学生干部队伍之日起就开始接受培训，一直到离开，随着岗位和工作的深入，培训的内容也会发生变化。通过培训，学生干部可增强业务能力，培养主动学习的习惯，从而与同学增进情感，分享经验。

四、案例启示

（一）充分发挥辅导员自身的身教示范作用

身教示范是一种最具体、最形象、最有说服力的教材，对学生起着潜移默化的作用。要引导大学生学会感恩，我们本身就必须是懂得感恩的人：感谢学生的帮忙，感谢父母的养育，感谢同事的协助，让学生从教师日常生活的一点一滴、一言一行中潜移默化地学会知恩和感恩。在学生干部选拔过程中必须严把进口，应结合团组织自身实际，秉持公开、公平、公正的原则，采用竞争上岗的模式，公开选拔，按照公平竞争、组织考核、择优录取的原则。在工作过程中公平公正地对待每一个学生干部。

（二）在工作培训中挖掘学生干部的积极力量

在学生干部培训中除了传统的思想引领、岗位职责、活动策划等培训外，还增加了个人优势、主观幸福感和自我效能感等专项训练。运用团体辅导的训练方式，帮助他们关注自身的性格优势和美德等积极力量，能够更加有效地应对工作中遇到的各种困难和问题，建立高自我效能感。邀请优秀校友或者成功人士分享经验，身边榜样的力量是无穷的，让学生干部建立"保持积极的状态努力奋斗就一定会赢得成功"的信念。

(三)在激励机制上引导学生干部获得成就感

学生干部在系部团学工作中付出了比一般同学更多的精力,因此在评奖评优、入党、订单招聘、就业等事关学生未来发展的时刻,在同等条件下优先给予推荐与支持。我们要做到了解学生干部的个性特点和内在需要,多肯定学生干部在工作中的努力,真正建立老师与学生干部之间的互相信任和尊重。我们要帮助学生干部群体努力营造良好的人际环境,让每一位学生干部最大限度地发挥潜能,更好地完善自我,体验成长的快乐。

(四)加强毕业后情感的联系

对学生干部的管理,既要晓之以理,严格管理,又要动之以情,像父母般地献出爱心,爱中有严,严中有爱。在学生管理干部工作中,理与情、严与爱是辩证统一的,既不能没有理,又不能没有情,既不能没有严,又不能没有爱。毕业后要像朋友一样经常联系,让他们知道母校、系部、老师仍然在关心着他们。

(注:本文荣获学校 2016 年第五届辅导员"说学情"一等奖。)

【案例评析】

王琴老师是 2016 年浙江省优秀辅导员,2013 年教育部辅导员精品项目的主持者。她是一个既善于做好辅导员各项工作,又善于学习并通过学习进行理性思考及理论提升的处于学生工作一线的教师。本文即王琴老师在开展学生干部工作中的总结与思考。王琴老师通过工作,发现了学生干部存在的问题,找出了问题存在的原因,有针对性地提出了解决办法,并将具体办法制度化,进而加强了工作机制建设。对于以上做法,笔者完全赞同,也相信必会取得成效。在学生干部的教育上,建议增加两点内容:一是在学生干部的培训中加强正确的价值观教育。教育其清楚担任学生干部的目的所在,应该以什么样的观念认识自己所担任的职务,以什么样的观念认识自己的工作付出,以什么样的态度对待自己所服务的学生、对待自己所接触的老师,不忘初心,以正确的价值观认识并指导自己所担任的工作。二是加强学生干部基于工作的指导。简单地以为"使用学生干部就是培养学生干部",简单地"以举办的活动是否成功为考核学生干部的主要依据"固然是不对的。但是不能否认的是,举办活动是学生干部综合素质的集中展现,是对学生干部能力的极大锻炼。因此,建议在学生干部的培养中加上一课,就是在学生干部组织重大活动的时候进行总结研讨。通过研讨,以解剖麻雀的精神剖析活动的成功或者失败的原因,让组织活动的学生干部及其他参与或者观看活动的学生干部发现活动的亮点,形成经验;找出活动中的不足乃至失败之处,吸取教训,进而更好地提升学生干部的能力和素质。

案例2　立德树人:这一年见证成长

会计系　王玉龙

育人为本,德育为先;十年树木,百年树人。在过往的一年里,我与学生一起经历春华秋实,见证学生的付出与收获;我与学生一起感悟夏耘冬藏,见证学生的进步与沉潜。一路走来,青春释放,静看学生付出、收获,进步、沉潜,让我明白这是工作职责所在,也是不懈努力的目标。接下来,我从专业学习介绍学生情况,从明理教育说明工作内容,从技能练习强调工作重点,从立德树人阐述工作创新,从自身职责论述工作定位。

一、学生情况明晰化

(一)基本情况

会计系 2014 级学生共 650 人,其中包括休学 3 人,保留学籍 1 人,旁听生 3 人,与上年相比增加 10 人。从性别维度分,女生 548 人(84.31%),男生 102 人(15.69%),与上年相比女生增加 7 人,男生增加 3 人。从专业维度分,会计专业 455 人(70%),财务管理专业 109 人(16.77%),信用管理专业 86 人(13.23%),与上年相比会计专业增加 6 人,财务管理专业增加 5 人,信用管理专业减少 1 人。从生源地维度分,省外 108 人(16.62%),省内 542 人(83.38%),与上年相比省外增加 3 人,省内增加 7 人。其中学籍异动的转入 8 人,复学 3 人(2 名退伍士兵、1 名生病学生),保留学籍 1 人,休学 3 人(1 人参军、2 人生病),退学 3 人;系部内转班 3 人,台湾龙华科技大学交流生 2 人。

(二)重点情况

会计系 2014 级少数民族学生 9 人,其中畲族 3 人,壮族 3 人,回族 2 人,土家族 1 人;宗教信仰学生 18 人,其中基督教 10 人,佛教 7 人,伊斯兰教 1 人;女生 15 人,男生 3 人;农村 16 人,城市 2 人;学生心理问题重点关注 6 人,其中 1 人确诊为精神分裂;贫困生 152 人,参加校内勤工俭学 54 人;获国家奖学金 1 人,银星励志奖学金 1 人,国家励志奖学金 32 人,获国家一等助学金 46 人,国家二等助学金 62 人。学生请假次数统计,3 月 72 次,4 月 104 次,5 月 196 次,6 月 119 次,9 月 126 次,10 月 93 次,11 月 166 次,12 月 154 次。学生基本特点:一是女生远多于男生,但在学习上有困难的,男生多于女生,在心理上有问题的,女生多于男生;二是省内的学生远多于省外的学生,但省外"问题学生"多于省内;三是会计专业的学生远多于财务管理、信用管理专业的学生,综合表现会计专业学生优于其他专业学生。

二、明理育人立体化

明理教育作为金院特色育人的载体,它从"明法理、明德理、明事理、明学理、明情理"五个维度具体展开,系部在明理教育思想的指导下,结合 2014 级学生特点活动立体化开展。明德理方面,在学生学好专业知识、练好专业技能的同时,特别注重引导学生树立正确的世界观、人生观、价值观,组织班级、系部"社会主义核心价值观"演讲比赛等活动,引导学生积极向党组织靠拢,到目前为止 2014 级学生入党积极分子 84 人,预备党员 12 人,正式党员 3 人。明事理方面,会计系 2014 级参与明理考核的有 648 人,其中,优秀 100 人(15.43%),良好 539 人(83.18%),合格 9 人(1.39%),无不合格。在 2015 年内学生寝室卫生的 30 次院级检查中平均优秀率为 98%;会计系组织"第十二届千人礼仪培训""第九届模拟招聘大赛"等活动促进学生明事理。明学理方面,学生在相关证书考试中,考出会计从业资格 391 人(60.15%),普高学生通过英语三级 321 人(71.65%,总人数 448 人),三校学生通过英语 B 级 181 人(89.6%,总人数 202 人),通过计算机一级 605 人(93.07%),其中会计 146 班、148 班获"先进班级"荣誉称号。明情理方面,先后组织"梦想的颜色:2014 班级职业生涯团体辅导""讲述金院人自己的故事"演讲,"热情迎五四劳动报师恩:学生开展打扫办公室",组织"远离雾霾,从我做起"主题宣传,学生干部"金院大搜索"等活动。明法理方面,注重学生养成教育,培养学生遵纪守法的自觉意识,组织"学风学纪比拼赛"等活动。明理育人的基本特点:一是学生主动学习多于被动学习,二是学生喜欢实践活动胜过理论学习,三是学生动手能力优于抽象思维能力。

三、练技助人网格化

我们以"每天练习两小时,成就未来金手指"为口号,以负责人和比赛活动为经纬,其中一条是以年级辅导员、班主任为总负责,班级技能委员为抓手,金手指成员为骨干的经线,其中:2014 级金手指成员 49 人,点钞单指 11 人,点钞多指 10 人;五笔 10 人;小写传票 18 人。一条是以"众诚杯"职业技能比赛为考核目标,利用技能早晚自习进行基础训练,凭借班级月度技能擂台赛进行检查的纬线。经纬交织形成网格,加强本年级学生技能练习和管理。针对会计系 2014 级学生技能训练,系部先后组织"测技能争先锋:返校技能测试""技能尖子学长讲堂""技能直通车班级擂台赛""技能尖子与非尖子擂台赛""学习十佳争做十佳:技能尖子经验交流会"等系列活动。系部组织的系列活动营造了浓厚的练习技能氛围,在推进学生提升专业技能方面取得良好成效,其中会计系 2014 级学生在技能开课考中良好以上传票

547人(84.94％)、点钞478人(74.22％)、五笔376人(58.38％),认证考通过的传票142人、点钞69人、五笔37人。在良好的练习技能氛围和有效管理下,2014级财会学子在学校第十五届"众诚杯"职业技能比赛二年级组五个项目中斩获四个第一名。在观察、统计、思考后,我们认为学生在三项技能练习中存在以下的基本特点:性别维度上女生普遍技能成绩良好,但技能成绩特别好的却是男生;在班级维度上三校生技能成绩普遍良好,但技能成绩最好的学生却在普高班;在项目维度上点钞及传票分布较均匀,但五笔两极分化严重。

四、立德树人常态化

教育的意义在于让学生获得生命的真义,在"立德树人"思想的指导下,基于系部的专业教育,我们从专业技能到语言表达,从社会实践到思维创新,从立德成人到树人成才,依托"金手指"育人品牌专注学生职业技能的训练,会计系2014级中涌现了董佳康、俞雨萍、闻人杉赤等一批技能尖子,其中董佳康五笔185字/分钟,俞雨萍传票120秒,闻人杉赤多指点钞37把/10分钟;系部组建"金口才"特长班,培养学生语言表达、与人沟通能力,先后组织"金院,我为你骄傲"演讲,"学源街118号"朗诵等活动,系辩论队获院第十一届金院杯辩论赛亚军,其中金口才骨干戴娜先后获得全国高校演讲大赛二等奖、浙江省大学生汉语口语竞赛一等奖等荣誉,并受邀成为《演讲与口才》杂志社宣讲团成员;系部依托"学生职业发展研究室",组织"金钥匙"暑期社会实践队赴宁波调研社区银行,以"走进社区银行,开启金色人生"为口号,本人带领16名学生暑期实践五天,其间我们访校友、发问卷、走社区、进银行,最后完成《宁波社区银行发展调研报告》,该报告获得学校第九届创新创业类大赛三等奖,最后经过答辩该实践团队获学校暑期实践优秀团队;在"大众创业,万众创新"成为当下趋势的背景下,我们成立"金点子"工作团队,服务有想法、有创意的学生,其中系部成立的"代理记账公司"2014级学生成为主力,平琦敏的《微小企业财税便捷服务平台》项目成功获得省高职高专新苗人才计划等,这些都是学生勇于实践、敢于创新的例证。针对不同学生因材施教成为教育的常态,为学生提供成人成才的机会和平台成为常态,让学生成为有德有才的时代青年,成为会计系乃至金院的"金名片",方不负金院学子的责任与使命。

五、仁者爱人幸福化

子曰:"仁者爱人。"辅导员在不同的情境下会有多种身份,一起活动时是位兄长,传道授业时是位教师,引领思想时是位成长导师,心理疏导时是位知心朋友,我想不论哪种身份都有一个共同的特点,即"仁者"。仁者的内核在于爱人,之于辅导员而言则是爱生,在我看来,爱生就是尚德,爱生就是种敬业。爱有严爱,有慈爱,亦有严慈相济之爱,走进学生早晚自习的教室,了解学生出勤、迟到,批评早退、旷课,我想这是种严爱;坐下来倾听学生诉说兼职过程中的不易、生活的艰辛,我想这是种慈爱;学生违了校纪,犯了校规,严以正行,慈以成人,我想这是种严慈相济的爱。从学生练习技能到明理教育再到立德树人,是教育逐步推进的一个过程,理论与实践、成人与成才、立德与树人是相辅相成、互为前提的,这需要让学生获得一技之长,也要让学生获得立身之本;学生考证压力大,这既要疏导压力又要助推力量;学生表达能力弱,这既要鼓励表达又要帮助提升;学生喜静不喜动,这既要扬弃也要反思。掌握学生的这些特点是做好工作的基础,也是检验工作的指标。能给予学生爱是圆满的,也是幸福的,我想,这就是思想政治辅导员这个职业神圣的缘由。在千日里经历风雨洗礼,在千日里体验喜怒哀乐,我愿与学生一同成长,我愿见证学生成才成人。

(注:本文荣获学校 2016 年第五届辅导员"说学情"一等奖。)

【案例评析】

2016 年辅导员职业能力大赛规定了 2014 年、2015 年担任辅导员的老师"说学情"。王玉龙老师所说的"学情",说清楚了所负责学生的基本情况、主要特点,说明白了自己的工作定位、工作理念,说明白了所组织开展的主要工作及采取的主要工作方法、工作成效,尤其是说清楚了一年级明理教育开展情况以及取得的成效。也许是时间限制的关系,也许是由于分工等原因导致所负责的学生人数较多,我认为,辅导员与所负责年级班主任的工作沟通应予以加强,基于学生特点的分类教育和活动应予以加强。

案例3　谈心谈话深度交流,亦师亦友共同成长

——2016年1月辅导员"说学情"工作案例汇报材料

银领学院　间春飞

一、谈心背景

2004年中共中央、国务院《关于进一步加强和改进大学生思想政治教育的意见》指出:"开展大学生思想政治教育工作要结合大学生实践广泛开展谈心活动,针对性地解决大学生实际问题,引导他们成才。"2006年教育部公布的《普通高等学校辅导员队伍建设规定》明确指出高校辅导员的八项工作职责之一:"帮助高校学生养成良好的道德品德,经常性地开展谈心活动,引导大学生养成良好的品质和品格,提高思想认识和精神境界。"2014年教育部印发了《高等学校辅导员职业能力标准(暂行)》,明确把"谈心谈话"作为辅导员的一项能力要求。高校辅导员作为大学生的指导者和引路人,建立有效的大学生谈心机制是非常必要的。这不仅是思想政治教育工作的需要,而且是体现以人为本满足学生全面自由发展的需要。每一位在岗位上用心工作的辅导员,都会有一幕幕难忘的谈心经历,有时我们一个关切的眼神、一句真切的问候、些许真挚的关心就会改变一个学生的成长轨迹。引用德国教育学家第斯多惠的名言:"教育的艺术不在于传授知识和本领,而在于激励、唤醒和鼓舞。"学生在充满关爱的环境中,心智更容易成熟,辅导员真诚无私的付出也能够获得积极的回应。

二、学情分析

我工作的银领学院,每年有订单学生800人左右,根据几年来的工作经验,我分析学生有以下共性特点:一是来源多样,但培养目标一致;二是基础参差不齐,但态度端正;三是岗位要求高,但培养时间短;四是就业质量高,但后劲(创新)不足;五是集体荣誉感强,但竞争意识弱;六是主动性较强,但还需进一步激励。在共性的基础上,每个同学又具有各自的个性问题。银领学院部分学生的心理特点:一是在选择订单企业时的盲从心理。大多数同学在选择"订单"培养时的思想动机积极健康,所选订单单位切合自己的理想和目标,但也有部分同学选择订单单位时,随从大流,对用人单位毫不了解;有些同学过分追求功利主义、实用主义,忽视了自己的特点、兴趣和爱好。二是在银领学院学习过程中的孤傲心理。大部分学生具有较强的进取心和责任感,能主动了解订单企业的文化,积极主动满足订单单位的要

求,也有部分同学好高骛远、眼高手低,进入订单班后便产生了一种优越感,认为"订单"就是"保单",认不认真学习都无所谓,都不会被淘汰。三是在由学生向准员工转变中的失落与浮躁心理。部分学生到了银领学院以后,被动遵守相关规章制度或参加相关活动,觉得太忙、太累,或者觉得没有意义,与自己"银领"的目标相去甚远,产生一种被"欺骗"的感觉,失落的心理逐渐使他们自暴自弃,时间稍长以后又觉得自己掌握不了相关的技能和知识目标,整日在患得患失中度过。

银领学院的学生更需要辅导员全心全意地去关爱,针对每一位学生的特点和实际情况,倾注我们的关心和关爱,使其发扬优点,改正缺点;需要我们不管面对怎样的学生都不要放弃,要尊重他们,欣赏他们,引领他们踏上心仪的岗位;需要我们善于发现每名学生的闪光点,让他们有用武之地,使他们的自尊心、上进心得到承认和强化,从而激化出他们不断前进的斗志,不断鼓舞他们前进的勇气。

三、实施办法

2014年9月,学校给银领学院增加了1名辅导员,总支书记明确要求我抓好重点工作,关注重点学生,尤其要做好学生的谈心谈话工作,加强思想引领和心理辅导。结合实际情况,我启动了"闫老师谈心屋",希望与同学们交流学习经验、生活经历、工作感悟、人生感触。在思想生活、时间管理、学习态度、人际关系、情感生活、就业能力、心理状态等方面,跟学生谈心谈话,深度交流。11月下旬(校庆后)至今,我共与80多个学生进行了谈心谈话。我的具体做法是:

(一)找准时机

银领学院的学生很少主动找我谈心,都是我主动跟学生约谈,这个时候我会认真查阅学生资料,并通过班主任、任课老师、班干部等较全面地了解学生的第一手材料,有的放矢地谈话,深入人心。同时根据不同学生的不同特点,不同时期的不同问题,分清场合,找出话题,找准时机进行谈话。谈话时多一些朴实、通俗的语言,情理并茂,语重心长,启发学生自我醒悟。谈心谈话正是由一件又一件小事、一句又一句温暖的话语汇聚而成的。

(二)倾听共情

当学生在学习、生活、工作中遇到难题或不顺心的事情时,总想找一个信赖的人一吐为快。面对这样的学生,我不引导或者稍加引导,他们便会"滔滔不绝"地讲述自己的所思所想。这时,我主要的任务是专注地倾听学生的诉说。因为倾听既可以表达对学生的尊重,也可以使其在比较宽松和信任的氛围下诉说自己的烦恼。倾听不仅用耳,更要用心,以共情的姿态深入学生的感受中去,细心地注意学生的言谈举止和表达方式,以及对所遇问题的反应。善于倾听不仅在听,还要积极参与,使用语言性和非语言性的回应,鼓励学生叙述和表达。在倾听的同时,我会时常安慰、点拨、鼓励,让学生能够感受到老师的关注与信赖。

（三）分析指导

当我发现学生遇到问题时,我便主动找其谈心;当谈心谈话中发现学生确需帮助时,我便尽己所能,帮助学生分析问题,指导学生合理地解决问题。例如,邮政班毛同学,9月、10月技能月考不及格,了解到相关情况后,我马上安排时间跟他约谈。约谈前,我通过不同途径了解到,他是一位阳光、帅气、积极乐观的同学,是校游泳队队长、游泳协会副会长,英语说得很溜,吉他也弹得很好。事后该生说,谈话出乎他的意料,因为我没有批评他,而是将谈话建立在一种随意、放松的生活情境中,问他是怎么练习游泳的,他侃侃而谈。然后又聊到了英语和吉他,紧接着指出了他的技能成绩,同时,跟他列举了两年前邮政班的廖同学。廖同学是营销11（1）班的学生,技能是零基础的,而且有类风湿关节炎,手脚不能正常弯曲,但是他进入订单班后,主动跟技能老师牟君清联系,暑假就开始努力练习技能,通过自己的刻苦努力最终达到了行业的技能要求。在跟毛同学交谈的过程中,我发现他很聪明,也有自己的想法,只要发挥出他的主观能动性,技能考试肯定能过。10天后,他给我发来了短信,说他三项技能考试都过了。

（四）重点跟踪

对于少数同学的问题的解决不是一蹴而就的,需要我反复谈、谈反复。例如,农合班谷同学,虽然大一、大二技能考试成绩一般,但因其综合素质较高,所以顺利通过了安吉农信社和泰隆银行的订单面试。因为考虑到回生源地工作,所以最终选择了安吉农信社。到了农合订单班以后,谷同学发现各地区的农信社对技能要求都很高,班级里的技能尖子也很多,自己技能方面再努力也只能算中等,而且班级里来自院系的学生干部很多,相比较之下,自己各方面表现平平,完全没有优势,学习上和生活中逐渐变得消极,也感到很迷茫。一次偶然的机会,我了解到相关信息后,主动跟她约谈,约谈前我了解到她以前是DV新闻社社长,也是金院电视台台长。而银领学院刚好有新媒体特长班,于是我跟她聊了她在新闻写作以及新媒体方面的兴趣,并让她担任新媒体特长班的负责人,每次由她主动联系相关老师来校培训,并安排培训时间和场地,以及通知特长班的学生参加,做好相关的组织工作。经过多方了解,她不仅自己很认真地上课并学以致用,而且相关的组织工作也做得很好,指导老师和其他学员都给予了她很高的评价。后面的几次谈话中,我都强化了她在新闻写作以及银领学院公众微信号推送中的优势,希望她在掌握专业知识和强化技能训练的同时,能不断提高自己新媒体的素养,到了订单单位后能发挥自己在新媒体方面的优势。几次谈话以后,我发现她变得自信、主动,每天都以饱满的热情投入学习和工作中。

(五)借助外力

当然,通过谈心谈话,我也发现有些问题,仅靠我个人的能力是难以解决的。这时,我便借助外力予以解决。例如,期货班温同学,籍贯江西赣州,原系贫困生。2015 年 8 月初,高中同学约她去北京工作地玩,由于大意被卷入了传销组织。经过自己和家人长达一个月与传销组织人员斗智斗勇,终于在 2015 年 9 月 3 日成功逃离传销组织,离开了困住她 29 天的地方。本学期开学后,温同学顺利来学校报到。事后,她了解到为了帮助她逃离传销组织,家人往返北京 3 次,用了将近 1 万元,又被当地人以可以尽快救出她的谎言骗走了 1 万元,这使原本就贫困的家庭更加雪上加霜。对于这些她内心焦虑不安,同时想到她的高中同学还深陷传销组织,她又悲愤交加。所以,虽然她已经脱离传销组织回到学校,但时常会做噩梦,而且也变得更加内向,不愿意与人交流。得知这些情况后,我一次次地跟她谈心,感同身受地听她声泪俱下地描述她在传销组织中的经历,同时建议她把自己的经历写出来,告诫更多的人。跟书记汇报相关情况后,党总支跟班主任、辅导员商量后,决定给予其 1000 元困难补助,同时我与心理健康咨询中心沟通,对其进行心理咨询指导,不断鼓励她努力学习,争取拿到校内外奖学金,以缓解家庭的压力。此外,我还跟她分享了期货订单班的就业前景,以及一些做得好的学长学姐的实际案例,帮助她树立人生的目标和信心。一段时间后,我发现她在学习和生活上恢复了信心,而且还去行政楼某处勤工俭学。

四、思考与感悟

因为本学期学校的重大事项多,自己的准备还不充分,所以到目前为止,我只与银领学院十分之一的学生进行了谈心谈话。这项工作我还将继续进行下去,我期望通过自己的努力,能够让银领学院的每一个学生走进"闫老师谈心屋",能够谈出情感、谈出成长。通过谈心谈话,我的思考和感悟如下:

(一)思考

一是要和遇到困难的学生谈心。

二是要和表现异常的学生谈心。

三是要和迷茫无助的学生谈心。

(二)感悟

一是有助人的成就感,推动自己做下去。

二是有能力储备的不足感,促使自己加强学习。

三是有无力帮助的困惑感,希望将以生为本理念落细落小落实。

作为思政辅导员,我始终牢记使命,勤于观察学生细节,善于换位思考,经常深入学生寝室、课堂,根据学生的具体情况开展谈心工作,因材施教。其间,学生们的信任给了我坚持的理由,领导们的理解给了我继续的勇气,同事们的支持给了我更多的力量,我将继续用真心去实现辅导员的使命,用爱心去践行辅导员的职责,用诚心去体味立德树人的力量!

最后用一副对联总结我的谈心谈话活动:

谈天、谈地、谈人生,"春"风话语;

助人、助己、助成长,"飞"姐润心。

横批:间师讲谈。

愿"间师讲谈"助推银领学子实现人生梦想!

(注:本文荣获学校 2016 年第五届辅导员"说学情"二等奖。)

【案例评析】

间春飞老师是浙江省优秀辅导员、学校金牌辅导员获得者。她先后在金融系和银领学院工作。考虑到银领学院的学生组成和工作特点,2010 年至 2015 年,学校只给银领学院设置了一名辅导员,在总支书记的领导下,间春飞老师一人做好了银领学院的各项学生工作。得益于多年的工作经验,间春飞老师十分了解银领学院各订单班的运作模式、企业要求,了解学生的主要特点。为做好工作,她采取了谈心谈话的方式开展银领学院学生的教育引导工作。

高等学校辅导员的首要工作是做好学生的思想政治工作。人文交流和人文关怀是做好学生的思想政治工作的必要途径和重要方法,其主要的方式就是做好与学生的谈心谈话工作。通过谈话谈心,了解情况、交流感情、征求意见、提醒帮助学生,在解决思想问题的同时解决影响其学习和生活的实际问题。通过案例,我们可以清晰地看到间春飞老师对于辅导员工作职责的了解,对于学生心理特点的把握,对于思政工作方法的运用。"找准时机、倾听共情、分析指导、重点跟踪、借助外力"五个步骤的实施便足以说明其对做好学生思政手段运用娴熟;"和遇到困难的学生谈心、和表现异常的学生谈心、和迷茫无助的学生谈心"的思考抓住了主要矛盾;"谈天、谈地、谈人生,'春'风话语,助人、助己、助成长,'飞'姐润心"的对联巧妙地写入了间春飞的名字,表达了谈心谈话的愉悦。当然,文中也有对学生进入订单班后的心态之分析,建议二级学院的辅导员也要多看看,科学分析并在今后的订单人才招聘中有的放矢地做好教育宣传工作。思想政治工作是做人的工作。面对面的谈心谈话是做好学生思想政治教育的重要的工作手段之一,希望我们的辅导员要学习并运用好谈心谈话手段,在帮助学生成长的过程中与学生共同发展。

案例4 关爱学生健康成长,助推学生美丽蜕变
——基于大一新生适应性问题的个案分析

会计系 陈小腊

一、案例内容

孙某,男,和汉朝刘邦是老乡,我院某系 2015 级新生。开学军训没几天的晚上,当时学校正在组织军事理论课的学习,新生班主任助理跑到办公室跟我反映,说孙某不见了,电话也联系不上。我先是简单询问了该生军训期间的表现情况,教官说他不太配合军训,经常与教官发生冲突,把整个队伍都带坏了。营长也反映,在与孙某聊天的过程中得知他高中时惹过事,用刀伤过人,被处分过。听到这里,我心里不由得一怔:又是一个不好对付的角色。

二、处理过程

人不见了,首先得把人找到。我第一时间带上班主任助理,带上孙某同宿舍的几个人直奔宿舍。找了宿舍,空空如也。生活区的草坪、各个角落也找了,都没有找到人。询问了同宿舍的几个同学,都说这几天忙着军训,每天军训很累,回宿舍倒头就休息,相互之间还不是很了解,没见到他有什么异常行为,也不知道他常去什么地方。于是,我将情况反馈给班主任,同时汇报了分管系部学生工作的副书记。书记也高度重视,先让我去保卫处备案,还说如果该生晚上不回来,也会赶来处理这件事,书记让我先密切关注。至于同宿舍其他同学,我让他们回教室继续上军事理论课,并且让他们密切关注,一旦孙某回来了,立即发短信向我报告。同时,让他们先不要声张,就当什么事都没发生一样。

随后,我回到办公室。因孙某电话关机,我一边试着通过手机短信和 QQ 与他联系。一边翻阅新生学生情况登记表,了解他个人情况。从登记表中找到孙某家长电话,打电话给他家长,家长说家里就他一个孩子,这孩子性格比较倔强,从小就顺着他,凡事由着他。问到孙某是否有心理疾病史,家长否认。问到孙某在高中是否用刀伤过人,家长也一口否认。家长还说他很有可能去在杭州工作的堂哥那里了。接着,我通过电话联系上他堂哥,他堂哥说也没见到他。

晚上 10 点左右,收到孙某宿舍同学短信,说孙某回宿舍了。我像平时走访宿舍一样走进孙某宿舍,当时他在洗手间,我和其他学生在拉家常的过程中,他走过来。初看他第一眼,有点小混混的样子。我先问他是哪里人,他说是沛县人,正

好我们离得很近,就说,我们算老乡了。问他来学校这几天还适应吗,他说晚上睡不好,还有点拉肚子。当我问他为什么今晚的军事理论课没来上,他说找他堂哥去了,还说,军训是不是可以不训练,这几天他很烦躁,受不了了,如果可以补训的话,他选择明年补训,今年的训练不去了。我说,有什么事,明天上班先来找书记和我,给他批假。

第二天一大早,他就来到了书记办公室,说今天要出去处理点事情,找一些朋友,不想军训了。问他是什么朋友,他说是周边学校的同学,还有社会上认识的一些网友,这两天他们在聚会。在与书记交谈的过程中,他坐立不安、挠头,表现得极其不耐烦,短短十分钟的时间,几次想拎起包,欲夺门而出。书记先是劝了他几句,他更加烦躁,说他就是不想军训,再逼他,他就从楼上跳下去。我怕他有暴力倾向,在他与书记交谈过程中,我一直坐在旁边紧紧地盯住他,生怕他有什么冲动之举,而且我还注意观察周围是否有什么东西会被他拿来伤人。他接下来说,他性格非常不好,今天已经够耐心和给面子了,要是换作他家长的话,他早就不听那么多废话了。说完,就走出了办公室。

出门后,我叫住了他,他停了下来,点了一支烟抽上了。我让他静一静,说他的事情,书记一定会给他一个满意答案的。等他抽完这支烟,我和他又进了办公室。书记说让他先休息一天,去处理他与朋友的事情,他说不行,需要两天(周六、周日)才能处理完。最后,我们还是妥协了,就让他写了一个假条和说明,同意让他出去,但必须按照约定时间(周日晚)返回学校军训。

孙某走后,我和书记从班主任那里拿来他的档案,查阅他高中时期的档案后,我们对档案情况进行了分析,并没发现孙某有任何违纪处分和留级现象。因书记听不懂当地方言,而我和他地域相近,可以和家长畅通无阻地交流,就由我负责与孙某家长沟通。我把孙某今天在学校的表现情况反馈给家长,也试着让家长必要时来学校一趟。孙某家长说,先让他伯母劝劝他,他伯母做过他老师,他也最爱听他伯母的话,如果不行,他们再来学校。与他伯母取得联系后,他伯母说,这个人最爱上网,刚上高中的时候成绩很好,后来因为上网成绩就落下了。至于用刀伤人事件,他伯母说,这是他在说谎,压根就没有的事情。提起他出去找朋友这件事,他伯母说孙某在杭州也基本没有朋友,只有一个女朋友,但他伯母说不清这个女朋友在哪个学校,名字也不是很清楚,只说了一个大概的姓名。他伯母还说,孙某一直在说谎,他跑出去肯定是去上网了。对于孙某的性格,他伯母说,孙某喜欢别人夸他,喜欢听一些好听的话。为了更加全面地了解孙某个人情况,我们又试着和他高中的老师取得联系,学生档案里只有学业成绩上有两个老师的签字,不过没有老师的联系方式。我从孙某高中学校网站首页上找到学校办公室的联系电话,进而联系到孙某高中时期的两位班主任。据她们反映,孙某在高中有时会逃课上网,但并没有什么心理疾病史或者异常现象,也没有听说他用刀伤过人。班主任也提到他高中一开始学习成绩很好,后来因为上网成绩渐渐不行了。同时也反映孙某母亲曾在学校食堂做过工,他和他母亲说话有时也很爱耍脾气。

经过一番了解,书记和我分析,认为如果能找到他女朋友的话,更容易掌握他的动向。我们根据孙某伯母提供的女生姓名(不是很准确),通过教务处查询今年新生的录取名单,结果查无此人。后又通过校保卫处与我院周边兄弟院校联系,也是毫无结果。

孙某请假的当天晚上并没有回宿舍睡,我继续让同宿舍同学关注他的一举一动。同时,把情况继续反馈给他的家长、伯母、堂哥,让他们帮忙寻找。他伯母说,她非常了解他,肯定又跑出去上网了。此后,我把情况汇报给了书记。第二天一早,他果然回来了。睡了一天,按照我们的约定,回队伍军训去了。鉴于此种情况,我们和孙某家长、伯母商议了下,必须给他立下规矩,有事外出务必请假报告,晚上必须按时回宿舍休息,我们当时约定的是晚上10点前必须回宿舍。接下来的几天,孙某白天都能按时军训,有时也会以身体不舒服为由请假,但一旦出去都会以短信告知,晚上虽说有时会比约定时间迟归几分钟,但会在寝室熄灯(22:30)前回到宿舍。

接下来的军训,他每次来找我请假的时候,我都会和他聊聊天,关心他的生活,解决他的困难,也经常开导他、鼓励他,说我们是老乡,也给咱们老乡争点光。我也经常会去军训场地观看他的军训情况,平时路上碰到他,或者走访宿舍的时候,都会与他交流,也会把他在校表现情况反馈给他的家长和伯母。

军训之后,该生状况有了很大改善。凡是有事出去,都能主动请假汇报。见到老师也会打招呼,还会喊我一声腊哥。据观察,上晚自习时,他有时会和女朋友一起,后来了解,他的女朋友是我院某系大二女生。现在总体感觉他人精神了点,也乐观了点。今年元旦,他还主动通过 QQ 发信息与我交流。

今后我们还将继续关注该生的动向。相信该生在金院会有一个彻底的改变。

三、经验与启示

通过档案、学生情况登记表了解学生信息,这是我们掌握新生信息的第一手资料,可以了解学生的家庭情况、高中时期的学习情况、有否存在违纪情况、性格特长等等。

通过多方了解,初步判断该生情况,给学生行为定性。一旦定性之后,再处理问题就会有针对性。大学新生适应性问题是一个常见的问题,通过走访宿舍了解到孙某有晚上睡不好、拉肚子等情况,再观察到该生对军训反应这么强烈,初步可判断这是一起新生适应性问题。另外,该生还有一定的网瘾症状,有时还会说谎。

通过与家庭、高中学校联系，全面了解该生。通过了解，我们知道孙某性格比较倔强，不服管教，有时行为比较偏激，但至于有没有暴力倾向和人身攻击性，这是个很关键的问题。经过多方了解和判断，我们得知孙某一直在说谎，高中时期压根就没伤过人，他说谎是不想服管教，不想军训，想出去上网。

对于短时期强烈的情绪爆发，有时疏导比围堵更重要。从书记和他在办公室的交谈中，我们发现孙某反应很强烈，非要去处理与朋友的事情（实际上是去上网）。如果这时不让他去，他可能会更加逆反和偏激。相反，缓和一下，让他出去放松一下，效果会更好，但前提是必须跟他立好规矩。至于他的网瘾症状，可在今后学习生活中慢慢引导。

家庭、学校合力育人很重要。对于孙某的行为，我们第一时间和孙某家庭取得联系，了解情况，摸清他的行为、脾气。通过了解，我们得知孙某最信任、最听他伯母的话，我们充分利用这一因素，让他伯母开导他，很大程度上减轻了我们教育管理的难度，处理事情也是事半功倍。

持续的关注和关怀很重要。学生的行为和习惯短时间内很难彻底改变，而持续的教育和感情关怀尤显重要。学生工作有时要打感情牌，案例中，充分利用了地缘优势，和学生拉近距离。关心学生生活、解决学生困难、取得学生信任、激励学生进步，用教育和爱的力量去感化每一个人。

（注：本文荣获学校 2016 年第五届辅导员"说学情"二等奖。）

【案例评析】

这是一个关于进入大学之前由于家庭教育方式的偏差，没有养成良好行为习惯学生的教育问题。在总支副书记邵月花老师的指导下，辅导员陈小腊老师妥善地处理了开学初该生的违纪行为，并做好了后续的教育引导工作。从事件的处理来看，该案例的主要特点是做好了与学生家长、中学教师的沟通工作。在查阅档案的基础上，通过与中学两位班主任老师的沟通，进一步了解了该生的中学阶段的表现及性格特点；通过与学生家长的沟通，初步了解了该生性格特点的成因，形成了家校共同育人的合力，并最终取得了较好的效果。希望能够通过学校的教育，让该生能够有一个较大的改变。一直以来，学校都在倡导以生为本的理念。以生为本，既是理念，也是行动。以生为本的行动，体现在每一项具体工作中，体现在对待每一位学生的教育引导工作中，这其中就包含了孙某这样一小部分会让我们付出大量的时间和精力的学生。

案例 5　做学生心灵的守望者

——2015 年度银领、互联网金融学院学情总结

银领学院　章甜甜

辅者,助也;导者,梳也。2015 年上半学期,顺利送 2012 级订单班 833 名学生走上工作岗位后,下半学期迎接来了新鲜的血液。身为 2013 级大三订单班和 2015 级新生辅导员,我以学生良师益友的角色走进、了解、帮助、引导学生,用一颗真挚的心服务、感染、塑造学生。本学期与两个学院共 826 名学生的朝夕相处,陪伴在这群朝气蓬勃、充满活力的"93 后""95 后"大学生的成长路上,努力成为他们的知心朋友,力争在学习和生活上为他们排忧解难。接下来,我从学生概况、学生特点、学生活动、努力方向等几个方面展开学情汇报。

一、学生概况:两个剧本,特色剧情

银领学院是由浙江金融职业学院和金融机构共同组建、学校独立设置的二级学院,面向商业银行业务一线培养熟练银行柜面操作、熟知金融产品、熟悉市场营销的基层复合型金融人才。我负责管理进入金融系统订单班的大三学生。2016届订单单位共 59 家,行政班级 18 个,班主任 13 位,共有 778 名学生,其中银行系统 555 人,邮政 136 人,共 691 人,占总人数的 88.8%;期货投资、融资担保等订单班共 87 人,占 11.2%。其中,柜员岗位 509 人,客户经理岗位 44 人,电话客服岗位98 人,证券期货投资岗位 87 人,会计出纳岗位 39 人。男生 172 人,女生 606 人。本届订单班学生有 200 名入党积极分子、67 名预备党员、11 名正式党员;778 人中共 21 人信教,占比 2.7%,分为基督教、道教、佛教、伊斯兰教,未参加过非法性集会游行活动。

浙江金融职业学院与中国计量学院联合申报的金融工程(互联网金融),经浙江省教育厅批准成为首批开展四年制高等职业教育人才培养试点项目。面向互联网企业金融方向和金融机构互联网方向,培养切合产业需求,具有互联网思维和创新精神,具备扎实的经济金融理论基础和熟练的互联网金融业务操作技能的跨界复合型人才。2015 级互联网金融学院大一新生是四年制本科学生,共 48 人,分为2 个班级,男生 31 人,女生 17 人,全部为浙江省内生源,没有少数民族学生,配备班主任 1 名。

反思:这两个学院的学生就像两个剧本,他们有自己的特色剧情,我会用责任和爱心感染、引导学生。

二、学生特点：两个活页，特色各异

管理银领学院订单班这样一个庞大的集体，对我来说既是机遇也是挑战。大三的学生有着不同于普通系部学生的特点，他们是来自不同系部的学生，专业不同，地区不同，他们学习能力较强，工作目标明确，职业技能专业，职业素质优秀，但也缺乏主动性、积极性，缺乏意志力与自我反思态度，班集体需要尽快形成凝聚力，塑造职业素质、职业技能和职业礼仪，培养感恩意识。管理好这批即将进入行业顶岗实习的"准员工""未来金融界精英"确实是个问题，必须因材施教。

互联网金融学院新生虽然是四年制本科，学生性格各异、思想先进，基本学习目标比较明确，但是也普遍存在较多问题，主要表现在学习自主性较差，学习习惯不良，上课注意力无法集中，学习动力不足，缺乏坚韧的品质，思想内心深处有一种挫败感和自卑感，心智不成熟，缺乏意志力，存在新生适应的一些普遍问题。工作中，尤其注重班级文化建设，从一年级开始进行适应性教育，加强学生的认同感。

反思："93后""95后"大学生是两本活页的书，似乎永远读不到最后一页，我需要了解掌握他们的特点，结合实际开展工作。

三、学生活动：青春向导，异彩纷呈

银领学院班级多，学生来自不同专业，缺少主动性，需要尽快形成凝聚力；互联网金融学院本科四年制新生是新的血液，需花更多心思去引导和教育。

（一）常规活动

每周召开学生会执委会议，总结工作，掌握班情、生情，在活动中进行"体验式引导"，培养学生干部的主观能动性，强化学生干部责任感、使命感、凝聚力、管理能力的培养。

创建学风督查部，根据学院党总支的要求，开展早晚自修、集体活动、技能训练等常规检查与抽查，狠抓班风学风管理，制作《班风每周排行榜》，形成良性竞争机制，促进班级自主管理和诚信、快乐学习的氛围形成。

组织开展文艺比赛、礼仪比赛、爱生节、银领之光文艺会演等一系列职业化素质提升活动，为学生成长成才服务。我深知，课堂里的有字之书很重要，但是社会实践的无字之书也不容小觑。活动中，我看到了同学们课堂外的风采与精神。"奔跑200km"中，坚持100天，每个学生每天在操场奔跑2000米，整个学期下来，我见证了同学们坚强不屈的意志和决心；冬季长跑、院秋季运动会让我感受到学生的团结与吃苦耐劳精神；各个订单班的开班仪式让我体会到学生的自信与动力；礼仪比赛和礼仪早训让我看到了学生的英姿飒爽，风采奕奕；文艺比赛、"众诚杯"比赛让学生有了展示自我的机会；银领之光晚会让银领所有学生紧紧团结在一起，向母校、老师、行业展示汇报一学期的学习、生活成果……切实为学生成长成才服务。

密切关注量化考核低分生、贫困生、特殊学生动态,及时谈心预警,共谈心谈话63次,做好思想政治教育,并及时保留档案。其中,学生魏××事件,从发现该生精神分裂症状到其发作,再到做好联系家长、帮助家庭、返校、参与学习等各项工作并保证学生的隐私,在学院领导的指导下,有条不紊地处理了该事件。

在40周年校庆活动中,组织学生志愿者376名,分散在各岗位和角落,彰显银领人才的综合素质,向母校和行业展示了我院学子的青春活力、高责任心、感恩之心与综合素质。

参与了60课时的"职业素质与能力提升"课程教学,将心理健康教育与思想政治教育相结合并积极实践。

组织新生军训、明理教育、寝室社区建设、合唱比赛、运动会等各项活动,积极引导教育学生,积极处理、疏导学生的新生适应性问题,通过主题班会、班级和寝室文化建设等活动引导学生学会合作、分享、理解、包容,进而了解他们、走近他们,帮助他们树立美好的大学梦和未来职业梦。

(二)特色活动

素质特长班。学院素质特长班的开办让同学们有了发挥自己特色的舞台,特长班课程包括音乐表演、体育舞蹈、演讲与主持、新媒体制作、茶艺、礼仪等,有助于培养大三毕业生与新生的兴趣,发展特长,为今后进入社会奠定基础;有助于更好地开展大学活动;有利于毕业生在行业岗位中崭露头角。

心理团体辅导、素质拓展培训。本年度开展了122个小时的心理团体辅导工作,针对普通学生、班级,帮助其尽快形成凝聚力,有助于学生的心理健康品质的形成。课上,组织学生给父母写一封信,培养学生的感恩意识。素质拓展活动也在大三和新生中积极展开,有助于良好的风气、班级凝聚力、学生意志力的形成。

毅行。开展了21千米的毅行活动,活动前期组织学生干部45人试走,活动时组织了732人次毅行,笔者亲自带队,和学生们一步步走到终点,象征开天辟地、共渡难关,有利于学生集体荣誉感、凝聚力、意志力的形成,自己也有幸成为学院"毅行专业户",希望学生的成长能够铭记每一小步。

四、努力方向:骄傲的选择,快乐的责任

每一项活动都是为了学生更好地成长,每一个学生都是朵等待指引、需要关爱的花,作为一名辅导员,能被学生信任,能做他们心灵的守望者,指引他们在梦想路上不断高飞,我享受这个过程。工作中我用真心对待每一位学生,坚持走进他们、理解他们、帮助他们,做到"三进三同"。三进——走进学生的生活,走进学生的情感世界,走进学生的专业世界;三同——和学生"同地位、同思考、同处境"。我将努力在实际工作中增强思想政治教育工作的针对性、感染力、吸引力和感召力,只有这样,才能真正了解学生,才有发言权,才有资格"辅"和"导";平时关注学生,随时整理学生档案,详细记录着每一个问题学生的成长历程,定期关注每一位同学的表现情况,对他们取得的进步加以赞许,对他们的不足加以提醒,用真心对待每一位学生,不让一个学生掉队。我坚信用一颗热忱的心去感化学生,用自己的一言一行去践行自己的责任。同时,我不断加强思想政治理论学习,切实提升自身素质,用科学方法提高分析问题、解决问题的能力。希望能在教育引导的路上,教学相长,培养学生成长的同时与他们一起成长,做同学们心灵的守望者。在阳光下,用爱催化出一朵朵灿烂美丽的鲜花,不辜负这份工作,不辜负这份快乐的选择!

（注:本文荣获学校 2016 年第五届辅导员"说学情"二等奖。）

【案例评析】

辅导员章甜甜老师完成了所要求的"七说"内容,即说出了学生情况、学生特点、工作定位、工作内容、工作方法、工作创新、工作成效。但是,与王玉龙老师存在相似问题,辅导员与所负责年级班主任的沟通工作有待加强,基于学生特点的分类教育或者活动有待加强。受案例篇幅限制,无法完全表现出本文作者在这些工作中发挥的牵头组织、参与工作等作用,但这也从一个侧面体现出了辅导员工作的繁杂性。

案例6 以"一二三四五"党建特色提升
学生党建工作创新案例

金融系 王立成

一、案例概况

随着学生党员发展人数的减少,在减少数量、注重质量的大背景下,如何提高学生的质量是尤为关键的问题,现阶段学生对党认识不足,入党动机不纯,急功近利等思想成为学生党建工作的阻碍。一个学生在成为入党积极分子以后,能否顺利发展成为预备党员?一般而言,在被确定为发展对象以后,政治审查通过,学院的相关入党的硬性条件满足,人际关系融洽,班级投票通过,基本上就能发展为预备党员。这其中,除了硬性指标可以量化,其他的标准很难在细节上把握,如何让一名学生在他(她)成为预备党员之后,不仅在形式上入党,而且在行动和精神上入党,是摆在学生党建工作中的首要问题。结合我系朋辈互助成长特色育人模式,结合学生党员教育的实际情况,我提炼了"一二三四五"学生党建工作特色,主要通过学生的自主能力提升学生党员自身思想素质、能力素质,强化学生在党员发展过程中的角色塑造和培养。

二、创新过程

在基层组织发展过程中面临的问题主要是学生党员发展考核标准不能满足一名学生党员成长所需的全部要求,学生党员的质量要求与学校的人才培养的目标有一定的差距,学生党员对自身角色的定位不够,先锋模范作用没有得到有效凸显。

(一)建立健全学生党建运行机制

结合我系的朋辈互助育人项目的特点,在系里专门组建一支学生党建工作团队,专门任命一名团总支副书记负责学生党建工作,将以前的组织部分为组织一部和组织二部,由组织一部专门负责学生党建的具体工作。在每个党支部内部成立党小组,由选出的学生担任党小组组长和副组长,建立健全学生党建的运行机制。为确保机制高效运转,制订了明确的管理章程和岗位职责,使各项工作规范化、组织化。

(二)以"一二三四五"特色党员教育体系提升学生党员的质量

"一"是指上好一门党课。系党总支高度重视学生党课教育,通过党课教育让学生党员和入党积极分子了解党史,掌握党的基本理论和基本知识,进一步端正入党动机,坚定共产主义理想信念。而党课不仅仅局限于学校组织的党校学习,我们在进行学生入党积极分子教育的时候,提出入党积极分子必须要做到"四个一"学习,即每学期一次党史知识竞赛,每月一次进图书馆学习党的理论知识,每周写一篇学习心得,每天看一次《新闻联播》。

"二"是指两个义务志愿服务基地。通过与丽水松阳志愿服务基地和萧山社区敬老院义务服务基地的合作,保证了志愿服务的连续性和实效性,通过志愿服务培养学生党员,帮助入党积极分子提升品质、感恩社会和彰显正能量。学生党员和入党积极分子通过参加社会志愿活动,了解社会,知晓社会的人情冷暖,使自己在思想上得到洗礼,对于一名学生党员该承担的责任有了更深的了解。

"三"是指三个会议。通过每月定期召开支部党员大会、支部委员会和党小组会议,学习传达中央的最新精神和学校党委的最新指示,结合学生的特点分层次、分类别地开展学习和讨论活动,党总支书记、团总支书记亲自参加学生党员民主生活会,倾听学生党员的学期总结,点评他们的表现,对他们提出更高的要求。"三会"的教育模式使广大学生党员时刻保持连续学习和交流的习惯,使学生党员教育的连续性得到加强。通过在"三会"上的自我剖析和自我不足的发展,通过身边的同学和老师对自己的评价,让学生党员时刻保持学习和自我完善的劲头。

"四"是通过优秀学生党员带领新党员"四亮牌"活动。即通过"我为同学做示范""我为老师做奉献""我为学校献计策""我为师弟师妹做榜样"四项活动,发挥学生党员的主人翁作用,成为学校发展、同学进步、个人提升的积极参与者。让学生党员亲身参与到各类活动中,提高学生党员的存在感,让学生党员感觉到自己能够为学院、为老师、为同学做点事情,通过他们的自我参与,提高他们的主动意识,形成良好的风气。

"五"是通过学生党员"五带头"活动。即通过优秀学生党员带领新党员"志愿服务我带头、知识比拼我带头、师生共创我带头、关爱社会我带头、诚信自律我带头"五项活动,充分发挥学生党员的示范和引领作用,让学生党员做学生的榜样、做老师的助手、做学校的主人。

三、完善各项考核评比制度

高效的管理才能使活动长远开展,在日常的管理中,我们根据学生党建工作的需要,编印了《学生党员成长手册》《金融系学生党员发展必备手册》,出台了《金融系学生党员违纪处理办法(试行)》,各项管理制度与考核经全体成员讨论,要求入党积极分子、学生党员在制度面前一律平等,在组织面前人人公平。真正使入党积极分子和学生党员在考核评比过程中得到提升和成长。

四、施行效果

实施"一二三四五"学生党建工作体系,主要是通过学生的主动参与、积极参与,促使学生党员真正达到党员的标准。体系实施三年来,学生党员的主动性和示范作用得到了有力的彰显,学生党员参加各类活动、各类竞赛的意愿逐渐增强,学生党员在参与的过程中得到了锻炼,收获了成就感,真正让全体党员不仅在形式上入党,而且在思想上和行为上都能达到党员的标准。

五、相关启示

从教育形式来讲,过去传统被动的教育模式,已经不能适应互联网时代下大学生需要体验、互动式、丰富多彩、效率较高的教育模式。从教育内容上看,单纯的党的党章学习、党的基本理论、党的方针政策路线和党员素质要求与现代青年人的需求兴奋点尚有差距,容易使受教育者产生疲劳感,党员教育难以获得理想效果。为适应新形势下学生党员发展的要求,通过党建工作创新,从根本上解决学生党员的思想问题,让学生党员真正在锻炼中、实践中、学习中认识到自己的角色。通过从入党前的培养到入党后的教育等一系列工作形成一个整体,推动学生党建工作的发展。

(注:本文荣获学校 2016 年第五届辅导员"说学情"三等奖。)

【案例评析】

高校学生党员是学生中的骨干分子,学生党员队伍建设是高校党的建设的基础工程。以党建工作引领促进育人工作是我院一直以来的理念和做法。金融系创新党建工作理念和做法,取得了良好的实效。印象中,对于金融系的党建工作我还起到了一些微薄的作用。在一次毅行中,恰好和金融系熊秀兰书记走在一起,自然而然地聊起了工作。熊书记向我介绍了金融系在学生党建工作上的一些做法,我当时似乎也提了些建议,有一条记得相对清晰些,就是建议金融系将诸多问题进行梳理,形成体系,最好开一个会议或者举办一项活动,予以促进。王立成老师的这个案例介绍应该就是金融系系统总结、归纳、提升并运用于实践的结果。金融系学生党建提炼了工作理念,形成了工作体系,完善了工作制度,加强了工作考核,进而形成了工作机制。该案例不足之处,一是需要理清党建与团建的关系、党建在育人工作中的地位,需要理清教师指导学生党建工作和调动学生积极参与学生党建工作的关系。例如,文中"在系里专门组建一支学生党建工作团队,专门任命一名团总支副书记负责学生党建工作,将以前的组织部分为组织一部和组织二部,由组织一部专门负责学生党建的具体工作"给人"团总支副书记在负责学生党建,团总支组织部在做学生党建工作"之感觉。二是应指明案例起草者在学生党建中的职务及发挥的作用。

案例7　第一、第二课堂衔接的探索

——以学院第十届国际商务礼仪大赛为例

国际商务系　吴　爽

2005年9月,国际商务系正式成立。2006年6月,学院"第一届国际商务礼仪大赛"初露头角。随着十余年来不断改进完善,"国际商务礼仪大赛"已成为学校第二课堂活动中一张独特的名片,吸引广大同学积极参与,并收获颇丰。2015年,在往届的基础上更精心组织策划,举办了学院"第十届国际商务礼仪大赛"。

一、案例缘由

当前,高等职业教育进入内涵发展阶段,育人工作职责更加明确,任务更为艰巨,科学发展、提高质量已成为我国高等职业教育发展的重大战略。作为共同构成高职院校育人有机整体的第一课堂和第二课堂,第一课堂的地位毋庸置疑。同时,第二课堂是对第一课堂的延伸和补充,具有第一课堂不可替代的作用,是高校育人体系中不可或缺的有机组成部分。而在实践过程中发现,存在第二课堂与第一课堂脱节的现象,造成第二课堂活动效果存在一定程度的降低。因而,探索第一、第二课堂有效衔接必要且有意义。本文以学院"第十届国际商务礼仪大赛"为例,分析和探讨第一、第二课堂的衔接问题。

二、案例概述

(一)"国际商务礼仪大赛"发展历程

笔者作为参与、组织和实施者之一,有幸见证了"国际商务礼仪大赛"十年的发展成熟之路。2006—2007年,大赛初探阶段。虽然引入了专业老师进行礼仪培训,但大赛的整体设计和组织由学工线独立完成,专业程度相对欠缺。2008—2011年,大赛发展阶段,乘着示范性建设的东风,大赛经费和人员得到更充足的保障。引入校外培训机构对全系一年级新生进行礼仪培训,并在此基础上开展大赛。在这一阶段,大赛专业性得到增强,但由于校外培训机构无法充分掌握学生特点,也未参与大赛全过程,同时,只能利用课余或周末的时间进行培训,时间无法得到充分保证。2012—2014年,随着学校"千日成长"工程的进一步深化、系本课程"国际商务文化与礼仪"的开设、专业教研室及老师的参与,大赛更加专业化、更加正规化,学生收获也越来越丰富。2015年,除"国际商务文化"外,"项目管理"课程也正式融入大赛中,并以此为平台,实行课程的过程考核,更激发了学生参与大赛、锻炼自我的热情。

(二)"第十届国际商务礼仪大赛"概述

"浙江金融职业学院第十届商务礼仪大赛"由学校团委主办,国际商务系承办,会展策划与管理专业、系团总支具体组织策划。以"国际商务礼仪与文化"和"项目管理"两门课程作为实践源头,以"有'礼'行天下"为主题,旨在传播礼仪、升华礼仪,让学生感受礼仪的魅力并内化为自身的修养,并给予学生更多展示自我的平台,增强学生通过礼仪训练后获得的兴趣与自信;同时,带领学生挖掘商务礼仪及不同国家礼仪背后的文化内涵。

本届国际商务礼仪大赛历时两个月,设计有以"'礼'领天下、'仪'展四方"为主题的开幕礼仪展示,以"'礼'达金院、'仪'态万千"为主题的礼仪宣讲和演示,"百里挑一"十佳礼仪新秀大赛,礼仪微电影大赛,礼仪季之商务礼仪大赛汇报演出等环节,将"礼仪"的元素融入形式多样的活动当中,以别具一格的风貌展现在大家眼前。活动取得圆满成功,反响强烈,共计3000余名学生参加到本次活动当中。

三、案例分析

在本案例中,对于第一、第二课堂的衔接做了分析和探索,主要如下:

(一)强化课程与活动的衔接

1."国际商务礼仪与文化"课程

(1)课程内容与活动的衔接。"国际商务文化与礼仪"课程是国际商务系的专业群基础课,重点从内外兼修的角度来解决学生国际商务素质这一核心竞争力提升的问题。在课程内容组织上是先礼仪后文化,在方法上讲练结合。礼仪需要训练,文化需要浸润,而从礼仪这一行为符号到文化这一精神内核需要自身的实践体认,因此其课程目标仅通过课堂教学是远远无法完成的。"第十届国际商务礼仪大赛"第二课堂活动就能很好地承担实践体认这一环节,通过设计,将课程教学目标有效地融入活动当中,学生不仅从课堂上,更是从课外,以喜闻乐见的形式主动接受了礼仪知识的传播、礼仪行为的内化和礼仪素质的养成,也让学生在活动中很好地展现了自我。同时,遴选出一批形象、气质、内涵俱佳的同学代言礼仪,形成"以点带面"的集群效应。

(2)课程考核与活动的衔接。在"第十届国际商务礼仪大赛"中,设计了"礼仪微电影"子活动环节。要求全体同学根据"商务礼仪"课程所学习的知识对商务礼仪的情景进行模拟,自行组队拍摄一个微电影,并根据微电影展现的内容进行评分,以此作为课程期末考试的成绩。在让学生收获礼仪知识的同时,投入礼仪实操训练中,相对一纸试卷而言,这样能取得更好的检测效果。

2."项目管理"课程

（1）课程内容与活动的衔接。"项目管理"课程是国际商务系会展策划与管理专业开设的专业核心课程，重点在于用科学的项目化管理的手段运营某一个项目。本次活动，除科学合理地设计活动内容外，正是因为引入了项目化管理的手段，更加有效地保证了活动高效有序地开展。项目化管理，主要包括策划管理、时间管理、风险管理、财务管理、会议纪要、分析管理等内容。通过组织、策划、执行活动，学生更加深刻理解了"项目管理"课程的精髓所在，让课本知识在实践中运用自如。

（2）课程考核与活动的衔接。在本次活动执行中，根据不同的分工和安排，每一位同学都会以表格或者文章的形式出具一份和"项目管理"课程内容相关的报告，作为期末考试的成绩。这既是认真执行活动的保障，也让学生在实际操作过程当中进一步理解和执行项目管理的相关内容。

（二）强化教师与学生的衔接

在活动组织中，成立教师指导团队，包括有专业任课、国外游学及外事工作、行业从业、团学指导经历的老师。教师们更多地利用业余时间指导学生团队开展活动，全员参与活动策划、组织、执行、总结的全方位和全过程，促成了学生和教师更多交流和沟通的机会。在这一过程当中，师生共同分享了克服困难的艰辛、活动执行的不易、熬夜交流的兴奋、专业深化的自豪和活动成功的喜悦。更为重要的是，活动拉近了师生间的距离，升华了师生间的感情。参与教师深深体会到身为老师的职业成就感，会更加用心、投入地指导学生，这是一种良性循环。

（三）强化教学管理与学生管理的衔接

"认知、实践与内化"是学生素质养成的主要环节。"国际商务礼仪大赛"的设计，从专业人才培养方案出发，并以此为主线，统筹人才培养方案和"千日成长工程"的整体设计，将第二课堂与第一课堂紧密联系起来，丰富了活动的内涵和形式。活动过程中，教学管理和学生管理水到渠成地走在一起，形成一加一大于二的合力。

四、案例启示

（一）基于学生需要的对症之举

"国际商务礼仪大赛"的举办，立足于学生的实际需求：一是基于 2013 年对 2008 届毕业生、2014 年对 2010 届毕业生、2015 年对 2006 届毕业生毕业五年、三年、十年三次调研结果的数据反馈，礼仪与沟通技巧是我系毕业生认为最缺乏的技能之一。二是基于国际商贸类企业的用人需求。国际商贸类人才的三大核心竞争力是国际商务素质、英语应用能力、外经贸业务水平，而商务礼仪与文化正是国际商务素质的重要组成部分,商务礼仪大赛也是从"礼仪"到"文化"修养的重要载体。活动的举办基于学生的需要,较好地弥补了第一课堂和第二课堂各自的局限之处。

(二)推进专业发展的有效之举

衡量专业的标准,不仅在于师资、课程设计、教学改革,更重要的是教育主体即学生的成长成才。这次活动不仅纵向深化了学生的核心能力,也横向提升了学生的综合素质,为学生的未来发展起到了良好的助推作用。笔者在上文中提到教师参与第二课堂活动的良性循环已初显成效:荣获省优秀团支部、省挑战杯二等奖、省职业生涯规划大赛二等奖、杭州市创业大赛400强等多项荣誉。对学生来说,这是一种鼓励、一种鞭策。对专业而言,这是一项成绩、一种进步,更是专业建设最为重要的成效之一,对专业发展起着举足轻重的作用。

(三)深化活动内涵的有益之举

第二课堂活动举办是否成功、是否深受广大同学的喜爱,其核心是活动的内涵是否丰富而不是轰轰烈烈的表面文章。本次活动从最初的设计到最后的执行都深深刻上了专业的痕迹。由专业人士举办的专业活动,其内涵必定丰富于单一学生管理者的组织。

(注:本文荣获学校2016年第五届辅导员"说学情"三等奖。)

【案例评析】

吴爽老师是学校金牌辅导员获得者。十年的辅导员生涯,十年在国际商务系的学生工作,吴爽老师见证了"国际商务礼仪大赛"十年的发展。国际商务礼仪大赛是第一、第二课堂有机衔接的载体。大赛以学生喜闻乐见的第二课堂形式融入了第一课堂的专业学习,延展了第一课堂的空间,调动了学生专业学习的积极性,延长了专业教师与学生的接触时间,进一步增进了师生情感交流,是一项第一、第二课堂有机衔接的重要载体,是学生"千日成长"工程中的一项重要活动。

"国际商务礼仪大赛"是诸多学生活动类型中的一个重要类型。活动是做好学生教育引导工作的一个重要的方式,也是一个学生喜欢而又容易见效的方式。学生活动按照类型大致可以分为文体类活动、文化类活动、技能提升类活动、专业深化类活动、科技创新活动、创业就业类活动、思政教育类活动等几种类型。每种类型均十分重要,每种类型要解决的是学生的某一个或某几个方面的问题。但是,在日常的工作中,我们经常可见的是文体类、文化类、思政教育类的活动居多。其原因之一是我们的辅导员老师、我们的学生工作者多数是思政类、教育类学科背景出身的,举办这类活动,我们得心应手。近年来,技能提升类活动、科技创新活动、创业就业类活动逐渐有所增加。其原因一是上面政策的要求,二是就业的客观需求。

但是专业深化类活动,尤其是能够见到实效的专业深化类活动确实不多。其原因,一是学生工作者自身的学科背景限制;二是一些专业教师认为学生活动是负责学生工作的教师的事情,自己的事情多得不得了,没有时间和精力,或者不愿也不想去组织类似的活动,或者是一些专业教师虽有想法,但组织学生活动确实不是自己擅长的工作,加之要主动与辅导员等负责学生工作的教师沟通也确有难度。"国际商务礼仪大赛"就是诸多专业类活动中有成效的且具有财经类高职院校特点的活动。但是,客观而言,该案例的协调必是国际商务系党政协调沟通共同促进的结果,而非学生工办主任一己之力能够完成的工作。所以,案例很好,但是说该案例是国际商务系党总支的案例,或者是行政工作的案例均可,说成是学工办主任的案例则有些"小马拉大车"的感觉。如果确实是学工办主任的工作案例,则党政的支持,学工办主任主动与专业教师的沟通,是案例之中必不可少的展现环节。

案例8 践行第一、第二课堂融合 推动国际化育人

国际商学院 吕 希

为了尽快掌握并开展好国际商学院的各项学生活动,发挥学生的特点,挖掘学生的潜能,我对国商学生综合素质培养的目的、标准和现有方式做了调研。最终结合现有的特色活动做了修改和创新。以下以第七届国际文化节活动开展为例,具体阐述国际商学院第一、第二课堂融合、推动国际化育人的工作。

一、学院情况概述

国际商学院共有4个专业,毕业学生主要从事外经贸相关行业,因此国际商学院在制订学院"三创六育"千日成长工程方案时,将培养具有国际商务素质、英语应用能力、涉外经贸业务能力的高素质技术技能型人才作为目标。作为由经贸类专业组成的学院,国际商学院在课程建设、学生活动上均在尝试国际化育人模式,做到课程国际化、学生素质培养国际化。2017年国际商学院共开展学生系列活动37个,共计162个活动,发布微信332条,参与学生达13000人次。

二、依托"三创六育"千日成长工程,设计第一、第二课程融合方案

"三创六育"千日成长工程是国际商学院融合第一、第二、第三课堂,顶层设计具有国际化育人特色的素质养成工程,是第一课堂教学内容的深化,以及其在第二、第三课堂实践育人的时间延展与空间拓展。而学生活动的开展是第二课堂教学的重要环节,通过拓展多元文化载体活动,帮助学生塑造幸福人生观,提升人文艺术涵养,拓宽国际视野和跨文化理解情怀,增进双语沟通能力,加强个性化创意与逻辑思维,提升国际化综合素养与业务能力。

"三创六育"千日成长工程包含两个维度的学生活动,即"三创班级"(喜阅班、活力班、风采班)和"六千育人"(千人英语SHOW、千人礼仪赛、千人国际文化节、千人实践行、千人讲演赛、千人技能赛)。为了以教促学,第一、第二课堂协同创新,巩固培养学生专业素质和国际化视野,2017年度国际商学院活动的设计开展均围绕知识内容拓展与巩固、学习方式创新展开。例如,国际文化节引入专业课程,邀请专业教师作为活动设计者,开拓学生国际视野,具备国际化素质。国际商务礼仪大赛以会展专业为对象,结合专业课程,让学生活动成为学生专业课程的实训项目,提高学生专业知识应用能力。活力班等与各教研室合作,依据专业人才培养方案开展针对性学生活动。

三、国际文化节第一、第二课堂融合育人，重视学生文化实践体验

国际文化节是国际商学院"三创六育"千日成长工程活动的重要组成部分之一，每年上半年 4—6 月份举办，历时 2 个多月，通过中西方文化讲座、英语技能竞赛、汇报演出等活动，培养国际商学院学生的国际化思维，提升跨文化理解能力，巩固英语口语技能。秉持着这一原则，我在设计国际文化节系列活动时从提升学生活动趣味性、扩大学生活动受众、深入课堂教学内容入手，在保留原有第一、第二课堂融合机制的同时开拓新的课程活动融合形式。

经典活动贴近专业课程。2017 年国际文化节的活动设计工作由国际商学院商务英语教研室、公共外语教学部、会展教研室及学院领导、辅导员共同协作完成。保留经典活动，如"戴望舒"英语朗诵大赛、英语趣配音大赛、文化大讲堂等项目，同时将活动内容引入课堂，让学生第二课堂活动成为学生课程学习的成果展示平台。"跨文化交际"是国际商学院全体大一学生的必修课，课程要求大一学生以小组为单位完成跨文化理解的街头采访，以此作为国际文化节的宣传片素材。与此同时，学生需要绘制国别文化海报，以此作为国际文化节的宣传海报。"商务英语"课程的学习，也成为子项目"戴望舒"英语朗诵大赛和英语趣配音大赛选手挑选和培训的重要渠道。

创新项目注重学生融入感。与过去的 6 届国际文化节有所不同，2017 年国际文化节将闭幕式的活动现场由室内移到室外，以此打破金葵花艺术中心 1500 人的人数限制，让愿意参与的学生均可以参与其中，扩大学生受众范围，服务金院全体学生。另外，国际文化节的闭幕式不再由国际商学院团总支、学生会的同学一力操办，而是由全体大一学生共同参与完成。活动与"国际文化与礼仪"课程合作，以国际文化节闭幕式主题作为学生实训活动的内容，学生以班级为单位调研国别文化内容。课程组师生全程参与"国际文化节"方案策划与执行，教师在课程上布置"文化节集市"工作任务，各新生班学生根据分配的国别集市，查找资料，设计展台呈现内容方案，课堂上由教师进行点评和论证，最终在文化集市上进行呈现。通过这样的方式，让国际文化节真正成为国际商学院全体师生的活动，学生在设计活动的同时深入挖掘国际文化的知识，并且作为知识的转换者、传播者传递给更多人。国际文化节活动不仅为金院师生服务，我们更邀请了下沙地区的海外留学生参加活动，也邀请了中国台湾游学的学生参与其中，让该活动成为国际交流的重要方式之一，以此锻炼学生的外语交流能力。

四、文化育人与实践育人成果突出

国际化育人工作成果突出。学生在"三创六育"的系列第一、第二课堂活动中

锻炼出较好的专业知识应用能力、跨文化理解能力、实践能力。通过国际文化节的创新尝试,专业教师表示学生对英语相关知识的掌握程度更深,对国际文化和跨文化的理解更全面,也有利于教师检验学生学习成果。作为学生活动的设计者,国际文化节的成功给了我信心去开拓更多第一、第二课堂结合的项目。2018 年的国际文化节,我将联络专业教师,对更多经典项目做改良和创新,在活动开展过程中协助教师教学,帮助学生夯实专业知识,提升学生跨文化理解能力和英语应用能力。

(注:本文荣获学校 2018 年第六届辅导员"说学情"一等奖。)

【案例评析】

学生"千日成长"工程是学校在 2007 年于会计系试点实施,2010 年在全校推广的一项育人工程。该工程以提高人才培养质量为目的,以"行业、校友、集团共生态"办学模式改革为统领,以师资队伍建设和管理队伍建设为保障,以"品德优化,专业深化,能力强化,仪表美化"为内容,科学设计学生在校 1000 天时间,统筹规划学生成长成才途径的系统工程。该工程的科学推广,既需要学校规划指导、顶层设计,需要院系组织推动、深化二级管理,也需要班级具体实施、抓好基层基础。国际商学院的"三创班级"和"六千育人"活动是具有该学院特点的育人载体。这个载体既较好地调动了班级的积极性、主动性,将第一、第二、第三课堂有机融合,将专业教师和辅导员、班主任队伍有效整合,又以学生为主体,为其提供组织、表演、成长的舞台,师生共同发展。例如国际文化节在设计策划上贴近专业课程,将教学活动内容与学生喜闻乐见的课外活动形式有效融合,既丰富了校园文化氛围,调动了学生参与的积极性和主动性,又让学生很好地学习了专业课程,达到了"1+1>2"的效果。

案例9　掌握一手信息　方能一心为生

国际商学院　王　舵

自入校来,我便担任 2017 级新生辅导员,半年多的工作让我体会到掌握每个学生的情况是做好工作的关键。为了提高工作效率,参考"大数据"理念,学习前辈们的工作方法,学期初我着手制作了 2017 级学生数据库——"超级大表",截至目前共有 30 几个项目囊括其中。对于刚刚入校的新生,我基于"超级大表"的详细数据,以指导和帮助学生尽快适应大学生活、学会自立为基本原则,本着教育为先、管理从严的思想,展开的工作总结如下。

一、精准迎新,让新生不迷茫

2017 年 9 月上旬和各班主任、学工办老师一起筹备和组织 2017 级新生的迎新工作。全覆盖式地对所有 2017 级新生进行了电话家访,提前了解新同学的基本情况、报到与否,以及报到时间,解答家长对于"学校特色""交通路线""绿色通道""住宿情况"等方面的疑问。前期我们共联系 620 名新生及家长,其中 3 人未联系到,6 人决定复读,4 人应征入伍保留学籍,报到率高达 98%。之后再根据"电话家访"掌握的信息,合理安排迎新工作,结合具体情况,及时调整。例如宿舍文明建设科根据以往的报到率 97% 给我们学院分配了宿舍数量,但通过前期"电话家访",发现今年的报到率预计为 98%,已分配的宿舍数量不足,后来立马与相关老师协调,提前准备好了足量的宿舍,才确保全部新生可以在报到当天准确且有序地入住学生公寓。另外,根据已掌握的情况,有 1 名新生腿脚不便,我也提前为其安排好下铺,真正做到让学生满意、家长放心。最终,在全体老师与班助的共同努力之下,共报到新生 608 人,迎新期间一切顺利。

二、学风建设——新学生配合新规范

依托早晚自习形成学生良好学习氛围。为此,我将纪检部与学习部、纪律委员与学习委员联动起来,重新制订 2017 级请假、考勤制度。明令禁止任何学生会、社团组织利用晚自习时间开会。规范早晚自习纪律,鼓励大家晨读,杜绝迟到早退,自习吃东西、玩手机、睡觉的情况。

开展"英语听写读"早自习活动。从十月初我院便开展了"英语听写读"早自习活动,有效改进学生玩手机的现象。与基础英语专业课老师配合,利用 APP,实时抓取学生的"听写读"数据,把 APP 学习时长纳入英语平时成绩,综合考量。

三、基于"大数据"理念学生管理信息化——学生信息精确掌握

请假考勤数据化。每周一次向班主任公布早晚自习考勤情况,每月制作一张请假情况明细表发给各班班主任。根据统计表中学生请假频率和数量找学生进行交流和适当教育。

建立 2017 级人才库。大一学生人才库包含书画、英语、体育、语言、音乐 5 个大类。人才库的建立有利于为学校和院部推选各个方向的特长尖子,有利于活动的开展。根据学生参加学校活动的获奖情况及时更新人才库也可以反映出大一人才库的时效性。

制订我院准军事化内务管理办法,评比结果数据化。每周更新内务评比成绩,依托数据执行奖惩办法,加强学生参与准军事化管理的积极性,提高学生准军事化管理的思想觉悟。截至目前,一年级学生的内务优秀率保持良好的记录,无一例违规电器和内务不合格情况出现。

学生管理数据化。汇总全部已有数据,制作大一学生数据库,构建学生工作"大数据"。截至目前,信息表中涵盖三十几项内容,如基本情况、家长联系方式、获奖情况、校内职务、心理排查结果等。该汇总表可以简化常规工作中多张表格重复查询的现象,便于分析学生情况,方便学生台账的建立。当然数据的时效性是关键,所以之后我要紧密团结学生干部,运用他们的力量实时更新数据。

通过数据和简单的分析可知如下信息。

第一,以女生居多。女生心思细腻,矛盾也会相对多过男生,因此平时我会多关注银联 A 与银联 B 同学的生活住宿情况,一旦发现同学间有矛盾立即出面调解。

第二,以省内生源居多,但生源省份分布极广。外省生源来自安徽(10 人)、福建(10 人)、甘肃(8 人)、广东(2 人)、广西壮族自治区(5 人)、贵州(3 人)、河南(14 人)、江西(7 人)、山东(4 人)、陕西(1 人)、四川(4 人)。2017 级新生中还存在部分少数民族同学,包括畲族(2 人)、回族(2 人)、苗族(2 人)、土家族(1 人)。

第三,本院 2017 级贫苦生库共有学生 94 人,共获得各类助学金 364258.25 元。其中,94 人获得国家一等、二等助学金,共计 292000 元;2 人获得初心远行奖学金,共计 4000 元;6 人获得"千人资助计划",共计 38700 元;8 人获得浙江金融资产交易中心助学金,共计 24000 元;33 名中西部同学获得交通补贴,共计 3498 元;19 名西部同学获得寒假交通补贴,共计 2060.25 元。

第四,以非独生子女居多。本届新生中有独生子女 229 人(37.5%),非独生子女 382 人(62.5%)。正因为他们的成长有兄弟姐妹的陪伴,所以使他们性格更活跃。

四、突发事件处理

本学期大一新生由于大学适应问题、身体状况等原因发生多起突发事件。本着加速处理、大事化小、用心关爱学生的原则，我收到学生报告后第一时间赶赴现场，通过手机和 QQ 等方式，利用学生干部了解情况并向领导报告事态发展。最终这些突发事件都得到了较为圆满的解决。事后，反思、回顾事件处理过程，完成工作案例并给予这些同学更多的关心，定期跟踪他们的近况。

五、总结

本学期我所做的工作内容较杂，且由于刚刚接手，完成得往往比较匆忙，缺少后期深入以及汇总记录。在今后的工作中，在以按时完成工作任务的基础上，我将致力于使工作条理化，注重后期跟踪调查并做好每项工作的记录和总结。另外，我还会继续深入制作本年级的数据大表，希望可以通过这张表记录学生大学三年的点滴，使之成为真正的学生"大数据"，便于今后工作的开展和分析。

（注：本文荣获学校 2018 年第六届辅导员"说学情"一等奖。）

【案例评析】

"说学情"的目的在于了解自己的工作群体特征，并基于群体特征及在具体工作中某一小群体或者个体的特点有的放矢地开展各种工作，做好学生的管理、教育、服务并促进学生发展。本案例的特点是制作了学生数据库——"超级大表"，精准掌握信息，积极寻找办法，发挥数据的管理功能，做好各项工作，其方法和思路可供其他辅导员学习借鉴。

第三章
辅导员、班主任工作案例及评析

《教育部关于加强高等学校辅导员、班主任队伍建设的意见》（教社政〔2005〕2号）规定："辅导员、班主任是高等学校教师队伍的重要组成部分，是高等学校从事德育工作，开展大学生思想政治教育的骨干力量，是大学生健康成长的指导者和引路人。""辅导员、班主任工作在大学生思想政治教育的第一线，在思想、学习和生活等方面负有指导学生、关心学生的职责，要按照党委的部署有针对性地开展思想政治教育活动。"《普通高等学校辅导员队伍建设规定》（中华人民共和国教育部令第43号）规定：辅导员要"围绕学生、关照学生、服务学生，把握学生成长规律，不断提高学生思想水平、政治觉悟、道德品质、文化素养"。为了进一步加强辅导员、班主任队伍建设，进一步做好大学生思想政治工作，我院在2011年分别下文并于2014年再次修订出台了《关于进一步完善辅导员、班主任工作机制的实施意见》（浙金院〔2014〕157号）和《关于班级工作班主任责任制的实施意见》（浙金院〔2014〕158号）2个文件，充分调动了辅导员、班主任做好学生思想政治教育工作的积极性和主动性。为了更好地总结直接工作在大学生思想政治教育一线的辅导员、班主任工作经验，学校每年均组织开展辅导员、班主任论文和案例征集评选工作，将优秀的论文和案例汇编成册，在暑期学生工作会议上发放，以促进辅导员、班主任之间的工作交流。在本书中，笔者选取了历年部分优秀的辅导员、班主任工作案例汇编、评析。在评析过程中再次学习辅导员、班主任们的优秀案例，也再次让我感受到我们的辅导员和班主任老师对于学生的思想政治教育付出的大量时间和精力，他们严格管理促进良好校风学风的形成，关心、爱护、帮助每一位学生成长成才；他们履行了文件规定的辅导员、班主任的工作职责，他们以爱心、信心和关心呵护了学生的发展。

案例1 关于金融系妥善处置一起学生 自杀事件的工作案例

金融系

2009年10月中旬，我系一大一女生离校出走，后产生自杀念头并实施了自杀行为。我系及早发现该女生的出走事件并进行了妥善处置，成功阻止了该学生自杀事件。

一、学生基本情况

林某，我系国际金融专业学生。据同学平日掌握的情况及我系师生在处置此事件过程的了解：该生父母务农，有三个妹妹，家庭经济条件较差，父亲刚从监狱刑满释放，其父亲怀疑其母亲有外遇，其舅舅在上海开一家酒店，其妹妹在舅舅的酒店打工，在上海有地方住。林某有男朋友，在北京一所高校读书。"十一"长假林某曾去北京见过男友，男友还曾给其买过礼物，回来后林某心情很好。但在10月11日（周日）晚，其男友打电话提出分手。林某平时在寝室与同学们沟通相对较少，性格内向，感觉无人重视、关心，自我感觉是垃圾。曾与同寝室同学说过，自己有精神病史，住过精神病医院。

二、事件及处置

（一）离校出走

10月11日下午，林某未经请假从学校出走，与班主任助理、同学说去妹妹所在地上海，第二天会返回学校。至12日下午，林某未返校，手机不是处于关机状态就是无人接听，但仍有短信回复。同学立刻向班主任老师汇报。班主任老师与林某保持短信沟通，劝说她回校。19:30，林某回复："对不起，老师，请再给我一晚的时间考虑考虑！我好乱……心里好难过……"班主任按照我系《关于学生离校出走事件的预防及处理办法》的相关规定，立刻与林某在江苏老家的妈妈取得联系，告知她女儿离校出走的事实。

13日，林某在短信中告知她妈妈要到上海来，她愿与她妈妈好好谈谈。中午11:00左右林某给班主任发了两条短信："我没有被那个打败！我已经尽量忘记了！现在的问题是我很想努力说服自己回去好好学习！我常说那里没老乡，没这样没那样的！其实就是没有我想要的那些温暖……我甚至在想，活着究竟有什么意思！或许，我现在处于人生的低谷！就是会胡思乱想，我好想说服自己赶紧回去,我在这里也很痛苦的!老师和同学真的很好!可是,我不知道自己为什么还这么不满足!感觉自己弄不清楚回去有什么好!就是不想回去!我知道自己这样很任性!也很不对。可是,我好像控制不了自己……在这里发了一天呆!还是不想回去……真想死了算了……这么麻烦!这么矛盾!""我妈到上海来……我想和她好好谈谈……"13日下午,班主任与林某妈妈电话沟通,她表示会亲自去上海,接女儿回校并愿与老师好好交流。13日22:12,班主任向金融系汇报,系总支书记张鹏超要求班主任将林某全部短信发至其手机上。经分析判断,认为林某遇到一些事情,处于是否回校的犹豫状态中。考虑到林某在妹妹处住、其母亲即将去上海等情况,系总支书记要求班主任做好林某思想工作,让其先返回学校,同时从同学处了解林某近阶段表现情况,查找其出走原因。

14日,班主任又与林某妈妈通电话,林某妈妈表示已在去上海的路上,见到林某会马上带她回校。晚上,林某妈妈赶到上海,见到林某,但二人未进行交流。当日,系总支书记将情况口头向学生处汇报。

(二)出现轻生念头和行为

15日10:00左右,林某和母亲在上海火车站买票,打算返回杭州时,林某抛下母亲,独自离开,与其母亲失去联系,但该生家长未将情况告知学校。

15日中午,林某在QQ留言中对室友说出她想轻生的念头,准备绝食。以后几个小时里,室友一直在QQ上安慰、劝说林某,而林某时不时地在QQ上出现一下,回复简短的话,情绪悲观消极,不愿敞开心扉。18:00左右,学生将情况汇报给班主任。19:07,班主任向金融系党总支书记汇报了情况。此时林某手机已处于停机状态。系总支书记一是要求班主任、辅导员给林某手机充值,充值费用事后再处理;二是要求辅导员组织同寝室学生上QQ继续查找林某,同时将自己的QQ号码告诉学生,要求学生加自己好友并随时将最新情况发到自己的QQ上;三是要求辅导员加林某QQ,辅导员向学生及时了解情况并劝阻林某的自杀行为;四是要求班主任再次与林某母亲、妹妹联系,告诉她们最新情况,让她们高度重视,抓紧寻找。此后,从20:30至23:53,系总支书记查看了林某与其同学下午的QQ聊天记录,并指导辅导员王子慷以及各位同学继续与林某聊天、劝导林某,并告知其手机已经充值希望进行电话交流,但林某未开机。正在值班的学生处李尔得到消息后也赶到金融系辅导员办公室指导工作。在20:16以后,系总支书记先后6次向学生处处长吴建斌汇报了具体情况及进展。22:35,与林某妹妹进行了电话联系,向其家长通报了情况,要求其家长高度重视并采取措施找回林某。同时也了解到林某原来曾出现过类似情况。经分析"如果这5天我不吃不喝,还不死,只能说明老天太眷顾我了,我会回来接受处分,不管是什么"等林某的QQ聊天记录及综合各方情况,吴建斌处长和系总支书记认为林某有自杀倾向和行为,但暂时不会出现过激的自杀行为。在凌晨时分,让学生回寝室休息,并与林某约好第二天继续聊天。

　　16日早,学生处长吴建斌立刻约保卫处处长、金融系总支书记,向分管学生安全稳定工作的盖晓芬副书记汇报了情况。盖书记明确指示:一是高度重视,记录发生的所有情况,妥善处置;二是立刻派辅导员赶往上海,协助林某家长处置此事;三是与林某的舅舅联系,请其协助查找。按照盖书记的要求,金融系总支书记与林某舅舅通了电话,建议其报警。其舅舅对此事十分冷漠,但表示会尽一个长辈的责任努力寻找。系总支书记又与杭州市公安局联系,请其协助查找林某的IP地址,但由于服务器在上海,无法跨省寻找,未果。学生处负责心理健康的叶星老师到金融系查看了聊天记录,认为林某存在心理问题。16日下午,校方派辅导员王子慷到上海与林某的母亲见面,一起寻找林某。16日20:00,辅导员到达上海后,与其母亲联系,其母亲已向学生出走所在地上海市大场派出所报案,大场派出所也将林某的相关信息录入失踪人员平台。

　　17日9:30左右,辅导员与林某母亲见面,并再次到大场派出所说明情况。16:00,林某分别与辅导员、其母联系。但因其母亲急于问她什么时候回学校,林某产生了情绪,挂断了电话。后来林某又联系其母亲、辅导员,说自己要和同学去南京几日后即回学校。19:00左右,林某因从其妹妹的同事那里得知家里已经联系派出所协助寻找,再次出现不稳定情绪。18日班主任助理与林某在QQ上取得联系,林某表示她已打消轻生念头,只是不想见家人,也不想马上回校,让大家不要逼她,否则她又会有极端想法。另外,林某表示她银行卡上已经没有钱了,要求老师或者同学帮她打些钱,经与林某家长联系,家里不给打钱。系总支书记要求班主任让学生以个人名义给林某建行卡上打入100元,作为她回校的路费和短期生活费,同时告知班主任事后再处理100元钱的事情。13:00左右,辅导员接到林某短信,她说到自己现在情绪很稳定,并认识到自己的错误,请求学校的原谅,并请三天的假,三天后回学校。在与其母沟通,且在其母同意的情况下,系总支书记要求辅导员与林某母亲联系,请其代林某请假三天。18日辅导员返回学校。

　　20日15:50左右,林某给班主任发来短信,说她21日会回学校,并问有什么处分。20日21:00左右,林某忽然发短信说:"对不起!老师,我失信是肯定了!这世界再也没有我留恋的地方了!"同时,打电话说她必定失信,也不会再来学校了,原因是在上海她舅舅和妹妹不愿让她进门入住,也不愿见她,她再次情绪失控,并说自己已经割腕。班主任当即力劝她平稳情绪,不要冲动,找地方先住下,尽快回校。林某掐断电话,不再接听。班主任与林某妹妹联系,对方不是十分重视,便立刻向系总支书记汇报。系总支书记要求班主任马上和林某母亲电话联系,告知林某危急的情况,让其母马上与其妹妹联系,并建议报警;要求辅导员王子慷立刻给其建行的账号汇款200元,并联系林某让其找个宾馆住下;还给林某拨打了电话,但对方未接。随即系总支书记向学校党委副书记汇报了情况。后经做工作,21日0点多,林某的妹妹出去找到林某,对其伤口进行了简单的包扎,准备在21日白天回杭州。但之后,林某又打来电话说她还是不想念书,想请假半个月。班主任告知她必须要回校办理相关手续才行,她同意。

（三）后继工作

21日18:00左右,林某与她妹妹一起返校。班主任安排学生到车站接她们,并把她带到金融系总支书记办公室。系总支书记了解了情况,与林某进行了沟通,同意其请假半个月回家休养,现场为其办理了请假手续;安排班主任与同学一起陪她吃了晚饭,并带林某到东方医院治疗割脉后的伤疤。系总支书记还要求班主任安排同学多给予林某关心和体贴,尽量让她感觉到学校的温暖;尤其嘱咐室友时刻留意她的动态,并派专人跟在其左右,掌握她的行踪。原计划与林某妹妹进行交流,进一步了解情况,但因其妹妹即刻离开学校,未果。

22日,班主任联系林某母亲来校接林某。但一直未见其到校。同日,林某表示要和她妹妹去上海,没有获得批准。23日中午,林某又表示她妹妹去上海,她去火车站送行。为了安全起见,班主任助理陪同与她妹妹见面,其妹妹又跟随林某返回学校,后林某又再次将其妹妹送到火车站。期间林某借同学的钱逛街购物,花钱大手大脚,多次提出自己回家的要求,并对同学的跟随表现出了反感情绪。因担心林某再次出现其他状况,经过系总支书记再次与林某母亲协调,在征得其母亲同意林某独自回家的情况下,让林某写下保证书,在班长和舍友的陪同下到达杭州火车站,并乘23日19:40的火车回家。24日14:50左右,林某给辅导员发信息报平安,班主任、系总支书记也接到林某母亲的电话和短信,告知林某已回家。

11月9日,林某在母亲陪同下返校,自愿休学一年,并办理了休学手续。

11月中旬,金融系对参与林某事件处置工作的学生进行了表扬和奖励。在班主任会议上通报了整个事件的发生、处置情况,进行了总结。

三、几点体会

回顾对林某及另外几起学生自杀、出走事件的处置工作,我们认为妥善处置大学生自杀及离校出走事件应做好以下几项工作。

一是高度重视,妥善处置是处理学生离校后发生自杀等安全事故的关键。当学生离校出走、处于管理的真空状态时,我们要尽一切可能详细了解情况,本着宁信其有、不信其无和及时报送信息、争取学校支持的原则妥善分析处置事件。如:在林某事件的处置中,我们充分利用手机短信息、电话、学生QQ群等方式与林某联系;将掌握的情况准确分析,及时与学生家长沟通,促进了事件的妥善处置;林某出现了很多有自杀倾向的言语,但同时也出现了打游戏、QQ聊天等较为理性的行为和十分犹豫的言语,无法准确判断其真实想法和状态。我们高度重视、妥善处置,事实证明,该生确实有了自杀的行为,但因处置及时,而避免了事态的进一步发展。在整个事件的处置过程中,我们随时向学生处、保卫处、分管校领导汇报,主动赢得学校领导的帮助和支持,妥善处置了该事件。

二是妥善处理学生家庭与学生的关系有利于事件的解决。在林某事件的处置过程中,我们既积极主动与林某的家长联系,派出辅导员协助其家长工作,又恰当协调林某与其家长的矛盾,妥善解决了问题。

三是健全的管理体系和完善的信息报送系统是发现学生离校出走的重要环节。情况清、底细明是做好学生安全稳定工作的必然要求。近几年,我系通过完善特殊学生情况每日一报制度、班主任每周两次深入班级制度、每周三汇总大一早晚自修情况、周五汇总全系班级日志情况等办法,及时发现学生的离校出走事件,为妥善处置学生离校后的安全隐患奠定了良好的基础,防止学生处于真空状态。

在总结 2008 年以来经验的基础上,金融系进一步修订了《关于学生离校出走事件的预防及处置办法》,同时制订了学生动态研判和隐患排查化解制度、定期分析校园安全稳定月度重点工作等安全稳定工作制度,诸多管理办法和制度共同构建了我系学生安全管理体系。

(注:该案例入选学校 2010 年辅导员班主任工作文集。)

【案例评析】

该案例记录的是笔者在金融系担任书记时发生的真实事件。2010 年到学工部工作后,为了更好地以案例研讨工作、促进工作,将此案例以金融系的名义纳入了 2010 年辅导员班主任工作文集中。几年后再看此案例,不足之处是:由于注重了案例细节的交代,感觉案例过于注重时效性,而总结归纳方面偏弱,虽适合工作交流,但从案例分享角度而言有些细碎。从案例本身而言,林同学产生自杀念头及行为的主要原因:一是林同学自身的问题。如,与男友分手而产生情感纠纷,与寝室同学沟通相对较少关系不够融洽,自述有精神病史。二是家庭原因。林同学的家庭支持系统薄弱,甚至是负面的,是导致其产生自杀行为的诱因之一。具体表现为:林同学父亲没有起到正面、积极的榜样作用,且其父母关系不够融洽,父亲刚出狱且怀疑其母亲有外遇;林同学的母女关系不够融洽,林同学妈妈虽然关心女儿,但不能够很好地与女儿沟通,甚至出现母女刚刚住在一起,女儿就再次独自出走的情况;林同学的直系亲属漠视甚至敌视她,林同学在上海的舅舅和妹妹不愿让她进门入住,也不愿见她,直接导致其实施自杀行为。当然,能够挽救林同学的主要原因,既有林同学处于生死摇摆不定的内因,也有系领导、师生共同争取的外因。从林同学内因而言,林同学虽然受到了超出其承受力的多次打击,致其产生死亡的念头和行动，但是同时她依然留恋大学生活，留恋同学情谊，以至于在尝试自杀之后，依然想回到学校，用林某自己的话就是："我会回来接受处分，不管是什么。"而恰恰是这种对生的渴望、对学校师生的情感，为挽救林同学发挥了重要的作用。从系领导、师生共同争取的外因而言，学校没有放弃一丝的希望。学校高度重视，从校领导盖晓芬副书记、学生处吴建斌处长、保卫处赵建国处长的研判、指导，心理教师叶星的介入，到金融系师生对每一个细节的分析、应对，应该说学校上下形成合力，师生情感形成共鸣，24小时全天候跟踪处置，现场、手机全环节应对，决策即落实的强有力的执行力，其目的就是要把林同学从死亡的边缘挽救回来。这既体现了我们金院人敬业尽职的工作态度，也展现了人生之善。"天地之大德曰生。"每一个工作着的教师和学生都以最大的爱心在开展着每一项工作，在关注、帮助林同学的每一个细节中展现着人性之善。在内外因的共同努力下，收获了圆满的效果。当然，该案例成功之处还在于金融系初步形成了做好学生安全稳定工作的机制。金融系坚持抓基础，具有完善的特殊学生情况每日一报制度、班主任每周两次深入班级制度、每周三汇总大一早晚自修情况、周五汇总全系班级日志情况等办法；金融系坚持抓规范，制订完善了《关于学生离校出走事件的预防及处置办法》，坚持了学生动态研判和隐患排查化解制度，形成了工作机制。

案例 2 "端午节事件"的处理

国际商务系 张 敏

2010 年的端午节假期(6 月 14—15 日)马上来临,尽管大学英语等级考试迫在眉睫,但仍然阻挡不了同学回家度假和外出游玩的热情。放假前一天上周二的课,我班那天只有上午三节课,这意味着 11:05 下课铃声一响,学生就可以自由安排了。经验告诉我,会有一些同学为了早点走而逃掉这三节课。于是,在放假的前一周我就在班里通报了放假和可以离校的时间,强调同学把握好预定车票的时间,如有人以赶车为理由而请假,我是不会准假的。6 月 12 日,我让班长和纪律委员通知每位同学明天 11:05 开班会,而且要考勤。

6 月 13 日,我提前 10 分钟来到教室,征得任课老师同意后,开始点名。结果让我很意外:有 8 名学生不在!经了解,其中 2 名学生是在任课老师讲完当天所有教学内容后,向任课老师请假后离开的。而另外 6 名同学没有向任何人请假就私自没来上课。当时我很生气,但面对在场的遵守纪律的学生,我说:"我们在这儿的同学都是好同学,犯错的同学不在场,所以我完全没必要冲大家发火或浪费大家的时间,我会等假期过后找当事人解决此事的。下面我就此次假期安全问题以及英语等级考试强调几点……"

随后我让班长通知私自逃课的 6 个同学返校后交一份 500 字的检讨书。6 月 17 日,6 个同学陆陆续续把检讨书交给我了,其中一个写了两遍。阅毕,首先,我觉得这些学生都进行了较深刻的反思,找到自己错误的深层原因:冲动,过分注重自我,完全忽视了个体是集体的一部分的事实。其次,他们没有一个人的检讨是从网上下载拼凑的,都是结合自己的实际情况认真写的,虽然我不敢保证他们有 100% 的真诚,但 80% 还是有的。

到此,我只需在班会上通报一下处理的情况,此次"端午节事件"似乎可以画上一个句号了。但是,一周以来,我一直在思考一个问题:为什么在我前期铺垫或者说预警做得如此充分的情况下,还是有这么多同学公然违背纪律而逃课呢?他们这种行为的思想根源在哪里呢?我跟同学以及其他班主任老师交流,听取他们对此事的看法,还从刘仿强书记那里得到了一些启示和建议。最后,我于 6 月 22 日 19:30 在 9309 教室召开了班会。

让我意外的是,虽然在通知开班会前,我让班长告诉同学此次班会有事情的同学可以请假,但这次竟然是全勤!

我先向全班通报了"端午节事件"的处理情况,然后由此事说开去,谈到了"信守承诺""人与人关系的起点——尊重""个体与集体""小我与大我"等话题。我结合自己的经历深入浅出地与学生分享正确的人生观和处世原则。尽管第二天还有几门考试，但此次班会历时1个小时，竟没有人看别的书，都聚精会神地聆听着，我也觉得我的心从没有像今晚这样离学生那么近。

晚上回到家里，手机的短信铃声响个不停，很多学生发来短信和我交流他们对这个班会的感触。陈同学说："老师，我们真的很不懂事。您很关心我们，负责、体贴、随和，像朋友一样，可是我们做得总是不够好。虽然我们嘴上没说，但请您相信我们一直很尊重您，一直很爱您。"黄同学说："老师，来到杭州能遇见你这样的老师，心里很温暖，就像你说的一样，我们班是一个家，我们要相亲相爱。"……

看着同学们发来的一条条短信，读着一句句真挚的话语，我的眼眶竟湿润了。是啊，"我们要相亲相爱"，因为班主任和45名同学组成的集体是一个家，而不是一个简简单单的组织，它应该是有温度的，有喜怒哀乐的，有欢喜和忧愁的！"端午节事件"最终以这种圆满、温馨，而且启发人思索的形式解决，我体味到另一种成功的喜悦。

（注：该案例入选学校2010年辅导员班主任工作文集。）

【案例评析】

批评教育是做好学生思想政治教育的必要手段和重要组成部分。必要的批评是对犯错误学生的一种惩戒，可以让其形成必要的规矩意识，同时也可以对其他同学予以警醒。本案例是一起对学生放假前逃课的比较典型的处理案例。每逢放假前，均会出现一些学生旷课提前离校的情况；而返校时，又会出现以各种理由，晚几天回校的情况。我院为了做好校友返校工作、迎新工作，通常会对假期统筹安排。一般而言，都会各占用一个休息日来开展校友返校工作，或者开展迎新生等工作，再将占用的2天时间增加到"十一"假期中，这样我院"十一"假期要比法定的时间多2天。但即便如此，依然有许多学生或者"十一"前提早离校，或者"十一"后晚些日子返校，而让人哭笑不得的是，多数学生依然以买不到返程车票为理由。做好这项工作，需要全体从事学生工作的教师，包括任课教师齐抓共管。张敏老师就以她的方式做好了此项工作。她通过召开假期安全教育主题班会，既做好了学生离校安全教育，又抓到了旷课的学生；责成学生提交检查，召开班会处理"端午节事件"，通过动之以情、晓之以理的教育，加强了学生的规章制度教育。张敏老师的工作是严谨的，她在放假的前一周"就在班上通报了放假和可以离校的时间，强调同学把握好预定车票的时间"；张敏老师的工作是细致的，她可以判断出学生没有一个人的检讨是从网上下载拼凑的，她相信学生是真心承认错误的。张敏老师是有成就感的，她收获了学生的尊重与爱戴。

案例3　师者父母心

金融系　陆妙燕

临近毕业的那一年,对绝大部分的学生而言,就业是一个难关,哪怕再优秀的学生,也无法有百分之百的信心保证可以找到一份令自己满意的工作。班级中就有一位优秀的学生在求职过程中经历了一波三折。

宋某是我所带班的学生,成绩优异,稳居全班前三名;性格开朗,在班级中人缘极好;综合素质高,每年均是奖学金获得者;在理财大赛、挑战杯等各类比赛中也均有优秀的表现。从各方面来说,她都是一个优等生,作为班主任,我虽然担心班级中大部分学生的就业,但我一直以为像宋某这样的学生就业应该不成问题。

然而在2009年3月份杭州银行提前批面试中,信心满满的她连复试都未进。这对她的打击非常大,面对落选,她开始怀疑自己勤奋学习是不是没有回报,怀疑自己的能力是不是欠缺很多,以致5月份订单班面试前她几乎丧失全部信心,想放弃这个机会。

我记得很清楚,那天开班会宣布订单班开始报名的时候,她坐在第一排,面无表情,会后一反常态地漠然离去。我叫住她时,她的情绪明显很低落。她说她选择放弃!当我找她沟通时,她声泪俱下,并倔强地坚持自己的意见。经过几次沟通,她才选择申报了浙商银行和中国银行。面试的那一天,她显得极为紧张,以至于穿了不合适的衣服。当我去面试等候区看她时,因为前段时间的压力,她的体重剧减10斤,原先买的套装已经显得非常不合体。但在强大的压力之下,她没有注意到这些。在我的建议下,她最终换了同学的套装去面试。面试结果很不错,最终两家银行都录取了她。经过与家人商量,她选择了中国银行。

在订单班她非常刻苦,勤练技能,顺利去银行实习了。我以为这个勤奋的孩子最终苦尽甘来,得到了很好的结果。然而,实习了一个多月后,在银行的第二次选择中,她被淘汰了。完全没有什么征兆!

再一次,她来找我,我故作轻松地请她在教工食堂吃饭,闲话家常,但最终还是避免不了回到这个敏感的问题上。谈话中,我了解到她和她的家庭都明显陷入了低落的情绪之中,她患眼病的父亲因此病情加重,母亲则亲自来杭州陪伴她,以免她的心情更差。我问自己:我能为她做什么呢?似乎言语的鼓励在她面前都显得苍白无力,毕竟对于这个并不富裕的家庭,她毕业后找的工作很重要,她是父母唯一的希望。但我也深深明白,作为班主任,我还是得鼓励她。我告诉她就业办一直在为她寻找机会,我也建议她无论如何,要广泛地寻找工作机会,建议她网投所有可能的金融机构,不要放弃任何一个机会。

虽然我鼓励她机会很多,但说实话我心里也觉得希望渺茫,毕竟在杭州离开学校这个平台,要跟本科院校的毕业生甚至是研究生去竞争上岗,她的优势就不那么明显了,她唯一的优势是她的理财实践能力比很多本科生都强。虽然她也说自己会努力投递简历,但言语中透露的是对我这个怀孕的班主任的安慰。

但在不久后,我接到了她的电话,她兴奋地告诉我花旗银行通知她去面试,应聘的是理财岗位,她过了前面两轮面试,就剩下最后一轮上海总部的电话面试。她说跟她竞争的人很多,大部分是本科院校的学生或是有工作经验的,她很坦然:能进第三轮面试已经觉得是个很好的结果了。在接下来几天的等待中,我跟她保持着联系,说实话,我知道自己帮不了她多少,我只是希望这个顽强的女孩能得到一个圆满的结果。

三天后,我看到手机上有她的未接来电,回复时听着"嘟嘟嘟"等待接听的声音,我的心情也很紧张,不知道接下来是该安慰还是该祝贺。电话接通那一刻,里面传来兴奋的音调让我有种想哭的冲动:"老师,我本来第一个打电话给你,告诉你这个好消息的,你怎么没有接啊……"我们终于等到了我们要等的结果:她被花旗银行录取了!在那一刻,我多想拥抱一下这个一路走来并不顺利的女孩。

不可否认,到了最后宋某是幸运的,即便经历很多的波折,但谁也不能保证,她这一路上走到哪一步会停止:若是当初杭州银行落选后,她一蹶不振,真的坚持不报订单班了,结果会如何? 若是当初被中国银行刷掉了,她放弃任何一丝机会,而只是抱怨,结果会如何? 这一路上需要有人一直支持她、陪伴她、鼓励她……

大家都说医者父母心,而在我看来师者同样需要具备"父母心"。在学生成长的路上,老师只是一个过客,抑或驿站,只能陪他们一段时间,但是这一段时间可能是他们生命中的一个转折点,尤其是在大学——这个远离父母的地方,尤其是大学的最后一年——择业的时候。初为人母的我,经历这一个多月对孩子的照顾才明白,为人父母,对儿女的那种关切是时时都割舍不下的。我想对于学生,作为老师,尤其是班主任,也需要这样一种时时割舍不下的情结!

(注:该案例入选学校 2010 年辅导员班主任工作文集。)

【案例评析】

在感动中再次阅读了陆老师的案例。作为老师,我们希望也愿意相信优秀学生的就业应该是顺利和令人满意的,但是事实却并非如此。宋同学的经历便充分说明了这一点。作为一个优秀的学生,在杭州银行提前批面试中,她连复试都未进,在打击下,她的体重剧减 10 斤;虽顺利通过中国银行面试并实习,但是在该银行的第二次选择中,她又被淘汰了。当然,宋同学的经历也说明,"不经历风雨,怎么见彩虹,没人能够随随便便成功"。她克服了各种负面影响,再次拼搏。在没有学校订单招聘的优势条件下,在社会招聘中,与本科院校的学生或是有工作经验的应聘者进行白热化的竞争,最终她胜出了,被花旗银行录取,她再次以自己的努力证明了自己的优秀。宋同学的经历还说明,对于班主任工作而言,"陪伴是最长情的告白"。作为一个优秀的班主任,当宋同学初次应聘受到打击后,她及时鼓励、帮助了宋同学,使其振作再次参加了银行订单班招聘,并对其做了针对性很强的指导;在宋同学再次受到打击,被中国银行淘汰时,她再次鼓励帮助了宋同学,甚至是在她知道自己帮不了宋同学多少时,依然陪伴并鼓舞着宋同学。师者父母心,至少对于陆老师而言是如此的。

案例4 班级制度建设工作案例

金融系 吴金旺

一、充分认识班级制度的必要性

学风是校风的重要组成部分,是治学、读书、做人的风气,是学校的灵魂和气质,也是学校的立校之本。同时,学风也是学生在学习过程中态度、方法、习惯等方面的集中体现,良好的学风对学生的终身发展起着重要作用。根据学校及金融系"提升学风、彰显示范、振奋精神、明理修身"的指示与要求,前期班级进行了学风的宣传动员,以及开展学风主题活动,学校继续推进学风,结合班级同学的需求,从加强本班同学的思想道德素质和科学文化素质两方面出发,经过班团委的前期策划,征求全班同学的意见和建议,经过主题班会讨论,我们得出的结论是"没有规矩,不成方圆",只有形成完善的班级制度,使班级工作做到有章可循,避免班级工作的盲目性和随意性,才能营造一个良好的学习环境,才能促进优良学风建设,没有一个具有普遍约束力的班级制度,班级必然会出现很多问题。

二、金融09(5)班班级制度的形成

(一)班级制度目的

将学生的共同认识、伦理观念、学校的规章制度化,主观上使学生形成意识,客观上督促学生,提高其自我控制能力。

(二)学生的权利以及义务

1.权利

参与班级管理;提出关于班级管理、班级各项活动的意见;分享集体荣誉。

2.义务

遵守学校以及班级日常行为规范;服从班主任和班委的正确安排;关心班级事务;关心同学;融入班集体。

(三)班级制度规范内容

1.学习方面

按时上下课;遵守课堂纪律;尊敬老师;认真学习;不穿拖鞋上课;着装整洁大方;等等。

2.生活方面

做好个人内务,保持宿舍清洁卫生;文明有礼貌;团结同学,多与同学沟通;等等。

3.活动方面

积极参加各项活动;服从活动安排。每周由学委上报,班主任点评等。

（四）班级事务记录

记录下学生成长的点滴,为各项奖惩提供最原始的材料,我班坚持记录《考勤簿》《班费收缴使用明细簿》《班级活动记录簿》。《班级日志》由专人负责,每天由一位学生如实地记录班级工作和活动,班主任定期检查。

（五）班委建设

班委是由班级委员组成的管理集体,是一个班级的核心。班委的工作原则:配合班主任,全心全意为同学服务。班委会具体职责是:班委会由班长、学习委员、生活委员、文艺委员、体育委员等13人组成;班委会各委员要各尽其职,争创优秀班集体;班委会应该议定本班规章制度,做到制度健全、管理到位,与全班同学共同遵守;班委会应每周召开一次全班会议,总结班级各项工作,表扬先进,批评不足,提出下一步要求、打算及计划;班委会干部视其各自职能,要经常与院团总支、院学生会各部门、班主任、辅导员联系,做到上传下达;班委会干部有处理不了的事情或遇重大事件应及时与班主任联系;班委会在决定重要事情时以成员大多数意见为主,如当时确不能解决,通过班主任或辅导员协调;班委会原则上每学年改选一次,如遇特殊情况,由班主任酌情安排;建立与班级规章制度相对应的奖惩制度,每学期进行优秀评选,做好先进表彰工作和不良风气批评教育工作。

三、后续班级制度建设的着力点

通过班级制度建设,我班形成了良好的学风和班风,增强了班级的凝聚力和战斗力,造就了一支全方位的政治骨干、学习骨干、工作骨干和活动骨干,班级工作有创意、有特色、有成效,开展了多项利于促进学生思想进步、道德完善、学习提高、能力拓展和身心健康的班级活动。没有最好,只有更好,随着从大一升入到大二,学生的各项情况也会跟着改变。班级制度建设也应该与时俱进,我班后续班级制度建设的着力点是:健全班会制度、班干部工作例会制度、政治学习制度、班级纪律考勤制度、技能比赛制度、评奖推优制度、学习互帮竞赛制度、班级奖惩制度、文明寝室评比制度、安全卫生检查制度、作息制度等,保障班级工作的正常运行,维护班级的良好秩序,进一步形成良好的班级文化。

（注:该案例入选学校2010年辅导员班主任工作文集。）

【案例评析】

每个班主任的工作风格都不同。有的拿来班级就带，没有规矩，没有目标，采取"船到桥头自然直"的态度，走一步算一步；有的则完全放手，美其名曰：自己的事情自己做，就需要这样锻炼学生干部的能力。我个人还是欣赏吴老师的工作天赋和方法的。没有规矩，不成方圆。师生共同制订制度，明确学生及学生干部的责任和权利，进而推动良好的班风、学风的形成。这些规章制度是经过主题班会讨论的，虽然花费了一些时间，但是经过民主程序达成了共识，包含一种契约精神，宣传并促进了学生遵章守纪。而对于发展变化的情况，吴老师还要继续跟踪，结合情况进行制度的修订和完善，为这种制度化的管理模式和实事求是的态度而点赞。

案例 5　抑郁神经症性女大学生焦点解决疗法的个案研究

国际商务系　毛淑芳

本案例主要是运用焦点解决疗法治疗一位抑郁神经症女大学生的个案研究。通过对个案基本情况的搜集和原因分析,发现激发其潜藏的正向力量并转化为行动是解决其问题的有效治疗途径。经过六次咨询,个案的抑郁症状基本消失,自我效能感逐步提高,社交退缩行为改善,能较好适应大学生活。

一、一般资料

(一)一般情况

陈洁(化名),女,21 岁,大学一年级学生,身高 155 厘米左右,体型偏瘦,足月顺产,无重大疾病史。父母离异,父母家族均无精神疾病历史,家庭经济条件一般。

(二)个人成长史

读小学二年级时,父母离异,陈洁判给母亲并送到姨妈家寄养了三年。三年寄养生活让她变得敏感孤僻,不爱讲话。五年级时,母亲改嫁后将其接来和继父同住。母亲平时还是会关心陈洁,但只是物质上的照顾,陈洁始终觉得和母亲没有什么沟通的话题,继父对其不差,但她觉得和他毕竟没有亲情,与继父之间保持着不冷不淡的关系。

用她自己的话说,高中三年过的是"浑浑噩噩"的生活,当时心中唯一的希望是考上大学,可以过不一样的生活,给自己带来新的希望。但是,进入大学后,陈洁发现自己的希望无法被点燃,感到大学生活无比枯燥,对于学习也根本提不起劲,觉得学习和生活没有动力,老是思考人生的价值问题,轻生念头时常会在头脑中闪过,但有时想到母亲和新生的弟弟,她还是没有采取轻生计划和行动。

(三)身体状态

从小未患过严重疾病,但身形瘦弱,眼神迷茫,精神萎靡不振。

二、初步判断

求助者目前对大多数事情丧失兴趣或乐趣,疏远同学,有一定的回避社交行为。总觉得心情沉重,生活没有意思,高兴不起来,郁郁寡欢。做什么事情都有力不从心感,疲乏无力,洗漱、吃饭等生活小事困难费劲。思维迟缓,思考能力或注意力降低,很难正常进行学习。自我评价较低,觉得看不到自己的前途。食欲下降,失眠,早醒,醒来时头痛。觉得生活是负担,有自杀念头。

该情况持续了三个月,社会功能受到一定影响,自觉比较痛苦。抑郁自评量表(SDS)测试,结果显示:标准分为 62 分,初步判断轻度抑郁。

三、咨询目标的制订

根据以上的评估和诊断,经双方共同商定,确定如下咨询目标:

(一)具体目标与近期目标

认清抑郁症状产生的原因;改变自我价值感低下、自信心缺失等不合理的自我认知;缓解来访者抑郁等不良的情绪反应,学习放松和解除失眠的方法和技巧;确定大学学习目标,培养兴趣。

(二)最终目标与长期目标

协助来访者建立良好的自我认知,培养自我效能感,完善自己的个性,适应大学生活,最终达到促进来访者心理健康发展、人格完善的目标。

四、咨询方案

由于求助者主动求助,要求改变现在的痛苦状态,其还是具备自我改变的正向能量的,所以除了采用认知改变和行为训练之外,还采用正向心理学中的焦点解决疗法。除了运用倾听、共情等关系性技术,解释、认知转变等影响性技术外,还采用"滚雪球"效应、"创造小改变带来希望感"、"例外架构"、"假设解决架构"等技巧挖掘其正向力量,直至改变。

五、咨询过程

这个咨询大致分为三个阶段:第一阶段建立关系;第二阶段挖掘其正向力量;第三阶段制订行为改变方案,促进行动转化。

(一)建立良好的咨询关系

首先,进行心理咨询架构很重要。由于求助者有着自我价值感低下、生活意义感低的问题,若没有让其明白心理咨询的实质是助人自助,很有可能产生咨询依赖和移情,使咨询失败而终。

其次,以平等、温暖、真诚和共情的方式对待求助者。陈洁发现我是真诚地关心她时,她的防御心理减弱,也将儿时的经历和痛苦都倾诉出来,之后感觉轻松很多。同时我在精神上给予她鼓励和安慰,让她树立战胜挫折的信心,明确生活的方向。

（二）运用焦点解决疗法挖掘其正向能量

焦点解决疗法看重小的改变，当小的改变发生时，所处的环境、系统就和原先的不一样了；只要持续小改变，就会累积成大改变。这好比是"滚雪球效应"，原先只是山上的一颗小石头，开始向下滚，越滚越大，到了山下就会变成大雪球，具有足以造成山崩的气势。治疗过程中，我尝试积极引导陈洁看到小改变的存在、看重小改变的价值，从而使其愿意促进小改变的发生与持续。我与她交谈中，试问她："小洁，你有没有试过做什么时你的心情会好一点？"她想了很久，告诉我刚入大学时，参加学校英语角时还是挺开心的。我就从这一例外情境入手，让其明白自己可以从这些事情入手继续寻找自己的兴趣，而这些小小的例外情境将成为改变的开始，逐步发展成更多的改变。

运用"例外架构""假设解决架构"帮助其寻求正向改变的力量。其中"例外架构"技巧是邀请来访者去思考他认为的问题何时不会发生，如果是曾经做过的解决方式，就从这一点入手多做尝试。

但讲述到具体可行的行动时，她表示很可惜，当时自己并没有坚持英语社团活动。我则运用"假设解决架构"帮助其发挥想象力，进行脑力激荡，假想如果问题已经解决或是目标达成之时，她会是什么样子，跟现在会有什么不同，从而鼓励她去做目前可以做得到的一小部分，帮助她构思美好的大学生活远景，带来前进的动力，并透过想象，不受限于目前的困境，从而找出成功的线索。

（三）自我及时强化法促进行为改变

自我及时强化法是在吸取东西方的心理咨询的理论和长期实践的基础上产生的。其理论基础是，有些人之所以患抑郁症，主要是因为他们本人对自己的消极情绪和行为不断强化的结果，如果反其道而行之，不断地及时强化自己的积极情绪和行为，忧郁的成分就会越来越少，直至消失。针对陈洁的"自我及时强化法"具体实施如下。

1. 建议坚持正常活动

有的抑郁症患者本来可以正常上学，正常料理自己的生活起居，却不去上学，甚至不愿打理自己，这是很有害的，越这样越感到自己没用。实际上患者有能力完成学习任务，有能力照顾自己，该干的坚持干，自己的情绪就不会日益低落。

2. 制订学习计划，计划适当

要求陈洁制订一份接下来的考试复习计划，拿来给我看，我做了必要的修改。交代她每天晚上睡觉以前，考虑明天干什么。千万不要给自己制订一些很难达到的目标，正确认识自己的现状，充分留有余地，这样每天都可以顺利完成计划。

3. 及时肯定自己

每天晚上睡觉以前，要充分肯定自己这即将过去的一天的成绩和进步，不妨把自己的感受写出来，然后分析它、认识它，把好的体验、进步、成绩写到日记里。天天都这样记日记，会觉得生活越来越有意思。

4. 不向朋友谈消极的东西，朋友也不喜欢听患者的消极言谈

这并不是不同情患者，主要的是朋友听患者谈消极的东西，会强化她的消极思想。

5. 尽量多参加一些活动

尝试着做一些轻微的体育锻炼，如一周中适当安排时间看看电影或听听音乐，参加不同形式和内容的社会活动，如学生工作、和同学逛街等，尝试着多与人们接触和交往，不要自己独来独往。

（四）结束与巩固阶段

第 6 次咨询时，陈洁反映最近睡眠状况已比之前有较好改善，虽有时仍会出现难入睡情况，但失眠程度不再那么深；给自己制定了学习目标，准备报名参加大学生英语竞赛，争取这学期通过大学英语四级，以便为将来就业多增加一些筹码；与寝室同学的相互交流也增加了，会和其中两个室友一起去图书馆上晚自修，觉得大学生活并没有之前所认为的那么难熬。明显感觉到她精神面貌逐渐好转，在咨询中也能积极思考我的问题，愿意继续咨询，坚持多锻炼，严格实施学习计划，这是咨询顺利进行下去的好迹象。

六、评估

陈洁重新接受抑郁自评量表（SDS）测验，结果显示分数为 45 分，抑郁症状基本消失。

陈洁的自我评估：有过几个阶段咨询，在最后一次咨询后，她告诉我她的失眠问题得到较好改善，能安稳入睡；现在对学习也有了信心，正在按照自己制订的计划稳步进行中；与寝室同学的相互交流也增加了，会和其中两个室友一起去图书馆上晚自修，觉得身边有了朋友，也不会太孤单。

咨询师的评估：咨询的具体目标和近期目标基本实现，陈洁已树立了合理的自我认知；抑郁情绪反应很大程度消除，睡眠问题得到一定程度的改善；自信心得到培养。终极目标方面，自我效能感开始逐步提高，重新寻找到了生活和学习的兴趣点，学习积极性提高，能有效安排和实施学习目标计划，目标感增强，社交退缩行为改善，人际沟通主动感加强，大学生活适应能力提高，生活意义感增强。

七、结束语

看着她最后一次带着微笑走出我的谈心室，想起刚开始她消极低落、萎靡不振的样子，我心里顿时有一种高峰体验的感觉！

（注：本文系 2011 年学校学生工作案例三等奖。）

【案例评析】

心理问题如果得不到疏导、解决，会引发心理疾病。毛淑芳老师提交的这个案例是校园生活中较为常见的心理疾病的案例之一。从对陈洁同学的案例分析、判断入手，运用焦点解决疗法深入跟踪治疗，直至陈洁同学完全好转。这既需要对学生的关注、热爱，更需要专业的心理咨询手段。在专注、专业地解决了学生的问题，看到学生摆脱了心理疾病的困扰时，收获快乐成长的不仅仅是学生，也包括助人成长的毛淑芳老师。

案例6 运用倾听和共情有效化解学生
宿舍矛盾的工作案例

银领学院 闫春飞

一、案例描述

2012 年 4 月 25 日 19 点左右,我接到桃李苑 13 幢楼委电话,得知 2010 级王芳(化名)和李霞(化名)两位女生在寝室吵了起来,王芳还砸碎了李霞桌上的水杯,虽然双方没有肢体冲突,但现场的寝室其他成员也无法缓解双方僵持的局面。我让楼委先转告两位同学,建议她们先冷静一下,我马上赶过来。

经了解得知,李霞在寝室放音乐,王芳认为音乐太大声,影响她学习,几次提出让李霞把声音调低,但李霞只是把声音调低了一点,就不再理会。王芳认为李霞故意针对她,最后走过去把李霞桌上的水杯砸到地上,双方开始争吵。

二、处理依据

这是一起因寝室关系问题而导致的人际冲突。李霞来自单亲家庭,性格偏内向,不善言辞,有时以自我为中心,经常独来独往。王芳是李霞的室友,人缘较好。平时交往中,王芳多次主动向李霞示好,但李霞以回避为主,双方一直存在隔阂。此次因音乐声音大问题导致两人矛盾激化,而双方缺少有效沟通是发生冲突的主要原因。

三、处理程序

(一)厘清问题的本质

表面看,王芳与李霞之间的人际冲突是因音乐声音大引起的,但从根本原因分析,主要是由于双方的性格因素及缺乏良好的沟通方式所致。李霞在事件中可能并无明显针对性,但很难体会到声音过大带给别人的影响,如何让李霞学会换位思考,去体验别人的感受显得尤为重要。对王芳来说,可能比较缺乏解决人际冲突的策略和方法。如果王芳和李霞能有效沟通,相互理解和体谅,很大程度上会缓解紧张的人际关系。

(二)运用专业技能化解矛盾

根据多年的辅导员工作经验和心理咨询师的专业技能,我认为对于这类问题,不能用简单的批评和教育的方式,我决定在谈话中以倾听和共情这两种心理咨询技巧为主,尝试去解决她们之间的矛盾。

四、实施办法和处理结果

(一)谈话地点和顺序

我及时赶到寝室后,做了以下的安排:考虑到事情发生在寝室,因此我把谈话的地点选择在寝室,这样更有助于及时解决问题;其次,我先让楼委把王芳带到她的寝室进行单独谈话,再与李霞进行沟通;最后,把两人共同叫到谈心室进行交流、和解。

(二)倾听和共情的运用

在与学生的谈话中,我认真倾听她们的心声,先让她们宣泄情绪,平复心情,取得学生对我的信任。我很耐心地听完王芳的倾诉,告诉她:"我很理解你的感受,如果我在工作的时候被别人打扰,可能我也会有情绪。"之后,我与王芳开始讨论如何管理自己的情绪,并与王芳沟通了人际冲突产生的原因。经过平等沟通,王芳慢慢认识到自己当时情绪有些失控,不应该砸人家水杯,王芳感到比较内疚,她愿意向李霞表示道歉和赔偿。

在与李霞单独谈话中,我更多地采用了共情,对其家庭状况、不被同学的接纳等表示理解。我先肯定了李霞在水杯被砸时还能控制好情绪,没让矛盾升级的做法。同时引导李霞寻找矛盾的导火索,当她认识到自己的问题时我及时给予关注,并与她分析问题的原因。最后李霞表示自己之前有些忽视他人的感受,今后自己应该多与室友交流和沟通。等王芳和李霞都平静下来,明白自身的问题后,我让她们两人在寝室相互道歉,事情初步得以解决。

(三)后续的帮扶工作

根据心理学的研究,如果具有人际冲突的个体面临共同的挑战时,会增强他们之间的凝聚力。因此,一星期后,我特意组织了一次以寝室为单位的小竞赛,旨在让寝室同学一起参加,增强团队意识。随后发现,该女生寝室关系逐渐融洽起来,李霞的个性也开朗了很多。

五、案例启示

(一)倾听和共情的优势

一些辅导员在处理学生日常矛盾中往往以权威自居,并采取批评、说教的方式,将自认为行之有效、合乎情理的方法强加于学生身上,这种做法可能忽视学生需要被了解和接纳的情绪,成效不够明显。在沟通中,如果我们能以理解、平等、尊重的态度,结合倾听和共情的技巧,避免一味教诲、劝说,会让学生真正感受到被了解、重视和关心,从而促使学生积极探索解决自己的问题的方法。

(二)换位思考的重要性

事件处理过程中,我们要注意引导她们学会换位思考,从而让她们认识到自身的行为是否妥当,以帮助她们认识问题,理清思路。同时,我们也要善于把自己放在学生的位置上,即站在学生的立场上,只有进行换位思考,才能真正理解学生的内心感受,提高教育的有效性。

(三)后续工作必须重视

经过此次事件,王芳的情绪调节能力可能会有较快提升,但李霞的个人成长却需要更长的时间。我之后多次找李霞谈话,动之以情,晓之以理,并有针对性地安排她们寝室的团体活动,使此次事件最终得以圆满解决,并促使学生更好地健康成长。

六、结语

在多年的辅导员工作中,我成功处理了一些类似的案例,也有很多收获。可以说,倾听和共情是一种方法,更是与学生交流的一种艺术,作为高校辅导员,我们应具备基本的心理知识和方法,并在日常工作中合理运用,从而更好地培养学生健康、积极的心态,使其身心得到全面的发展。

(注:本文系 2012 年学校学生工作案例一等奖。)

【案例评析】

本案例是驻公寓辅导员经常遇到的情况。由于一些学生以自我为中心,加之共处同一寝室,彼此之间的摩擦不可避免。如处置妥当,彼此互做退让,则不仅能和谐相处,而且会结下三年同窗友情,留下终生美好的回忆;如彼此针尖对麦芒,小则必有争执,大则大打出手。在本案例中,王芳和李霞的冲突已升级。面对同样一件事情,每位辅导员的处置方式是不同的。闫春飞老师发挥了女教师的性别特点,主要采取日常学习掌握的倾听和共情的办法来解决问题。闫老师先是倾听学生的倾诉,让其进行必要的宣泄;后是换位思考,引导其发现自己的错误,再进行教育,让双方就自己的问题道歉。可贵的是,闫老师并没有就此止步,一周后,她组织寝室全体成员参加活动,以进一步增强团队意识,融洽同学关系;并且对李霞同学进行了持续跟进,促进其健康成长。这是一件运用倾听和共情解决问题的案例,值得我们在工作中学习和借鉴;这也是一件妥善处置学生寝室争端的案例。正是驻公寓辅导员不断地解决着一件又一件的学生寝室争端,才更好地避免了争端的升级,让寝室成员之间的关系更融洽。

案例7　短信沟通，无声胜有声

投资保险系　周　哲

一、案例背景

陈某某，一名来自农村的女生，父母都在家务农，有一个姐姐在杭州打工。据班主任反映，陈同学在一二年级时成绩较好，也善于与人沟通。但是后来发现该生经常旷课，厌学情绪严重，班主任多次找该生谈心，学生本人不配合，经常联系不上。

二、案例陈述

陈同学的这种情况出现在大二年级下学期，因有任课教师反映该生多次旷课，寝室同学也反映她晚上经常失眠。于是班主任找陈同学谈过几次，谈心过程中该学生表示想休学，现在特别不想上学，晚上也经常失眠，每天上课都无精打采。但问其休学的真实原因，她不愿多说。经过与寝室其他学生的沟通，了解到她有一位外校的男朋友，家在千岛湖较偏远的农村，目前在家里做个体生意，与陈同学是老乡。其男朋友及家人多次要求陈同学放弃学业，去他家一起做生意，并想与她结婚，由于其男朋友对她很好，陈同学一来不想拒绝，二来又不想放弃学业，所以处于非常矛盾的境地。因此导致失眠，并产生了厌学的情绪。

三、案例分析

知道此情况后，其班主任尝试了很多方法做陈同学的思想工作，但还是没能改变她休学的想法。于是我继续找她谈心，发现该同学很排斥这种交流方式，更不愿意吐露自己的真实想法。我便开始思考使用手机短信与其沟通。

第一次给她发短信，我只是问了一下她的睡眠状况，向她表示了我的友好，并向她推荐了几种提高睡眠质量的方法，让她消除对我的排斥心理。经过几次饱含关心的短信，我发现她慢慢消除了设置在我和她之间的心理屏障，渐渐对我产生了信任。有一次她主动给我发短信告诉我其实她不是真的想休学，只是自己不知道如何处理这件事。看到身边的同学都有自己的目标，都在为了进银行订单班或企业订单班认真准备，而她自己却没有任何目标，工作也没有着落，男朋友又说以后要给她开家店，不要到外面工作，所以她现在觉得待在学校没有任何目标，不知道该干什么好。再加上和男朋友感情很好，两个人分开很难受，所以经常旷课跑去男朋友那里。正是因为这种矛盾心理,才导致她晚上失眠。

知道陈同学的真实想法后,我通过短信让她明白人生的路还很长,现在所谓的美好爱情也许是暂时的,不能为了暂时的幸福放弃了长远的理想。人活着不能把希望寄托在别人身上,只有通过自己的努力才能获得真正的幸福。首先,我要求她先找一家专业医院把失眠的问题解决好,一个人只有拥有了优质的睡眠,才能有一个愉悦的心情,有了好的心情或许任何难题都将迎刃而解。其次,重塑自己的目标,不管是进订单班还是直接找一份工作,先明确自己的就业方向。这样既可以证明自己的能力,也可以暂时分散注意力。另外,与男朋友表明态度,不要一味地迁就,这样也可以试探男友的真心,假如不值得你付出真心就尽早结束你们之间的关系。

情绪的调整和转变是需要一段时间的。按照我的建议,她进行了尝试,睡眠有了改善,男友见到她对完成学业的态度坚决,也不再强迫她了,表示愿意尊重她的选择。慢慢地,陈同学心情好转了,精神也恢复了,再也没有发生旷课现象。在这个转变的过程中,手机短信在交流和沟通上起了较大作用。

四、案例反思

时代在发展,社会在进步,手机已经成为人们沟通必不可少的工具。一板一眼"说教"式的思想教育方式越来越显出其局限性。而手机短信、QQ、微博等人们喜闻乐见的方式越来越受到学生和老师的青睐。

如今短信已成为性价比最高、覆盖面最广的沟通方式。如何有效地利用它,已逐渐受到普遍关注。在开展思想政治教育中,短信可以发挥它独特的作用。

(一)了解心理,掌握学生思想状况

手机短信可以和自己的学生进行一对一的交流。一方面,从心理学角度而言,很多话语不便于当面诉说,都可以通过短信得以倾诉,短信无疑成了师生之间沟通和交流的有效途径。另一方面由于客观因素的限制,师生之间面对面交流的时间毕竟有效,而要关注到每个学生更是不易,但是短信可以不限时间、地点,可以与更多学生沟通。

(二)抓住时机,进行思想政治教育

短信可以了解学生最真实的想法,免去了当面教育的尴尬或有些难以启齿的话题。抓住适当的时机,给予及时的帮助和指导。

在以后的思想政治教育中,我们要充分发挥短信或其他新媒体的优势,使之更好地为教育服务。

(注:本文系 2012 年学校学生工作案例二等奖。)

【案例评析】

有效沟通是人际交往中必不可少的环节,也是做好学生思想政治教育必不可少的手段。本案例中,周哲老师以学生们愿意接受的"键对键"的方式交流,采取循序渐进的方式,走进了学生的心灵,引导了学生的思想,帮助了学生成长。一方面,我们要看到,大学阶段的学生处在人生的最美好阶段,他们具有青春和活力,他们在最美好的年龄学习知识文化,在为人生将来的远航积蓄能量。另一方面,我们也要看到,虽然他们有一定的独立性,可以独自思考和处理事情,但是他们也有一定的不成熟性,对事情的处理往往有些稚嫩。这个时候的任何一个选择都是十分重要的,甚至可以影响他们今后人生的发展。周老师以持续且渐进的短信帮助了一个学生,为其发展摆正了方向,感谢周老师。

案例 8　从重资金向重情感资助理念的转变

经管管理系　王春花

高校贫困生资助工作是高校学生工作中的一项重要工作,它关系到高校贫困生的正常学习和生活开支的维持。2010 年,我开始负责系部学生助贷免工作,经常会和贫困生接触。在这过程中,一位贫困生的事情,让我对高校贫困生资助理念有了转变,认识到当下资助工作应从重资金资助向重情感资助转变。

一、案例

张芬(化名),女,2010 年 9 月入学,就读房地产经营与估价专业,金华兰溪人,擅长诗歌朗诵。一家三口人,父母在家务农,生活拮据,无固定收入来源,上学费用靠借钱维持。家庭人均年收入 4000 元,家庭欠债 6000 元。

2010—2011 学年获国家二档助学金、院一等奖学金、校外广发育才奖学金;获院级“优秀学生干部”、第三十五期业余党校优秀学员荣誉称号。在系模拟招聘会、管理案例分析大赛和模拟房地产营销大赛中分获团队三等奖。在系读书节活动之PPT 推荐一本好书中获个人一等奖。

2010—2011 第二学期,该生经班主任推荐和个人申报,参加系部勤工助学,主要做些文档整理、递送等工作,表现较好。但在与之接触的过程中,感觉她性格比较内向,平时话不多,主动与老师、一起勤工助学的同学交流比较少。

一个月后,该生连续几次无故缺勤,事先也未和相关老师请假说明。

与该生第一次谈话情况:这份勤工助学工作让她觉得自己是可有可无的人。没事的时候,坐在办公室,整个人像空气一样不被重视。所以心里就产生了不想去的想法,也不敢和相关老师说,毕竟当初还是班主任推荐的。

与该生第二次谈话情况:(没说几句话,眼泪就流下来了)她觉得事事都不如意。开学初,在班委竞选中落马;做勤工助学又不被老师重视;近期和寝室成员闹矛盾……她觉得很委屈,整个人情绪比较低落,比较消极。

与班主任沟通情况:该生在班委竞选中,曾想当班长。但考虑到她在人际交往上还有待改进,没有让其担任班长一职。

此事对该生心理上造成一定的影响,她觉得自己有这个能力,是班主任不让她当而已。对于此想法,她也没有主动和班主任沟通,只是心里一直耿耿于怀。

谈话中,我发现她是一个很敏感的女孩,想要自强,又很自卑。经过做该生的思想工作,引导其转变原有的观念,让其先看重自己。她的心态渐渐发生了转变,从一开始坚决放弃勤工助学的机会,到最终答应继续做下去。谈话结束前,她泪水止住了,心情也平静了很多。在后来的工作中,她表现明显积极了许多,整整做了两个学期,再也没有无故缺勤过,每月的补贴也由 150 元增加到 200 元。最主要的是,平时和同学、室友、老师之间的交流也增加了,人也变得开朗了。

二、案例分析

我认为,该生自进校以来每学年获得的奖学金、助学金足以维系她的大学生活所需和个人花费。可以说来自经济上的压力不是很大,主要是在认知、心理和行为上存在轻微的偏差,甚至可以称为认知障碍、心理障碍和行为障碍。

(一)认知障碍

所谓认知障碍,是指由于病理性或功能性感觉阈限降低而对外界刺激反应过激或迟钝。前者多表现为神经症,后者多见于抑郁状态。

20%以上的贫困生由于自我期望值较高,一旦遭遇理想与现实之间的落差,容易在人际交往上产生偏见,并以自己的偏见来衡量人际关系,从而造成对现实的不满,这种不满反过来又对人际交往产生负面影响,情况严重的可造成个人认知障碍。

(二)心理障碍

所谓心理障碍,是指以心理活动异常为表现形式的精神障碍。例如,情绪高涨、低落、焦虑等。

贫困生强烈的自尊心往往会引发常见的自卑心理。这种自卑心理让他们平时不敢主动与老师、同学们交往,渐渐变得孤僻。因担心周围人的耻笑,也不愿意向老师、同学吐露自己的心声。具体表现为敏感多疑,易受暗示,沉默寡言,自我封闭,部分贫困生甚至对自己不满,痛苦孤独。

自卑感和自尊感是贫困生常见的一对心理矛盾,而且这两者往往成正比关系。贫困生虽然大都家境贫寒,但他们好胜、好强、不甘落后,尊重满足与否所引起的情感反应比一般学生更强烈,对社会和他人对自己的态度也相当敏感。往往有时候,老师或同学一句不经意的话、平常的举动都可能引起他们的注意,使他们感到情绪低落、焦虑等。

(三)行为障碍

所谓行为障碍,是指各种心理过程障碍的结果,可由各种原因产生。通常按其表现分为精神运动性抑制与精神运动性兴奋两类。存在自卑心理的贫困生一般很少主动与人打招呼,往往给人的感觉是缺乏礼貌。也不会积极参与校园活动和社会活动等。在日常生活中,极力掩饰自己贫困生的身份。

三、基于案例的思考

(1)高校资助工作应建立以"扶贫"和"扶志"相统一的帮困助学服务体系。从目前来看,尽管具体表现形式不同,但旨在激励的奖学金、助学金方式却多种多样,众多学子,尤其是贫困生,因此获益。近年来,国家更是加大了奖学金、助学金的发放比例,各高校也都有自己的奖助学计划。但普遍重视物质上的帮困,而忽视了精神上的帮困。事实上,高校贫困生很大一部分属于经济困难、学习困难和心理贫困,所以他们要面对的不仅是来自经济上的压力,还有学习和心理上的压力。我们现有的帮困助学措施大部分是从解决学生经济困难的角度来考虑,在精神帮困方面确实缺乏有力的措施。因此,我们的资助理念应该从重经济资助转向重情感资助,在贫困生的大学学习生活期间,不仅在物质上资助,更要在精神上帮扶,在生活上关心,在思想上引导。让他们正确看待"贫困":家庭的贫困是暂时的,优异的成绩和高超的能力才是重要的。

(2)高校资助工作应拓展资助工作的育人内涵,培养学生的健全人格。在校期间,加强贫困生的诚信教育、感恩教育和励志教育。第一,在诚信教育中要加强宣传助学贷款的意义和作用,要教育贷款学生自觉履行协议,从而提高学生的社会责任感,为助学贷款工作提供有力保障。第二,以奖、助学金评审为契机,加强感恩主题教育,通过"感恩的心,感谢有你"感恩语录征集等感恩活动,让贫困生逐步形成良好的校园感恩氛围。第三,通过召开贫困生资助表彰大会等活动,让贫困生上台领奖,代表发言,激发贫困生的奋发图强之心。以健康向上、积极进取的心态解决当前的困难;以真心对待爱心,以诚信回报关怀,把党和政府的关心、社会各界的关爱、学校的帮助转化为立志成才、报效祖国、回报社会的强大动力,转化为学习知识、掌握技能、增强本领、提升能力和素质的实际行动。总之,高校资助工作要在经济上帮助学生,在精神上培育学生,在能力上锻炼学生,让贫困生树立爱党爱国、积极进取、自立自强、诚实守信、勤俭节约、感恩奉献六个意识,着力构建"资助—自助—助人"育人内涵体系。

(3)高校资助工作应加强贫困生的心理指导工作,建构贫困生自我健康的发展心理。高校贫困生由于经济上的贫困而造成心理上的压力,导致在心理上形成或轻或重的障碍,这就需要高校对贫困生加强思想教育,做好贫困生的心理指导工作。首先,充分利用高校资源,创设更多的勤工助学岗位,让贫困生通过自己的劳动获取应有的物质资助,在劳动中充分体现自我价值。其次,多途径对高校贫困生进行必要的心理健康疏导,了解贫困生的生活,尊重他们的人格,通过各种社团活动为高校贫困生提供物质和心理上的帮助。最后,通过心理讲座和团队活动等方式对高校贫困生进行人格、行为方式、社会交往方式的辅导,用心理辅导、心理教育、物质扶助和生活关怀来改善他们自身的内外环境,增强贫困生自我心理调控的意识和能力,逐步引导他们建立科学的人生观、道德观、价值观,帮助贫困生建构自我健康的发展心理。

四、该案例给我们的启示

每个班级都会有贫困生,而且随着高校扩招,贫困生数量逐年在增加。只要我们认真观察,都会发现,贫困生的自尊心更强,更渴望得到老师的爱,这就要求我们真诚相待,热情鼓励,耐心帮助。当他们受到挫折、遇到困难的时候,给予关怀、体贴和帮助。对待他们的困惑,耐心细致、和蔼可亲地给予解答,让贫困生感受到来自社会、学校和老师的关怀和温暖。为了更好地帮助学生,我总结了一些经验,也是该案例对我的一些启示:

(1)因材施教。思想教育要针对被教育对象具体情况而定,不可泛泛而谈和一刀切。

(2)提倡温情教导,细致教育。不能采取简单粗暴的命令方式,尤其是对存在敏感心理的贫困学生,要多加鼓励。

(3)在学习生活中多关心他们,帮助他们解决其具体困难。学生的思想问题很多是源于实际困难得不到及时有效解决而产生的,与其枯燥的说教,不如用实际行动去帮助解决困难和矛盾。

(4)多开展一些集体的文体活动。鼓励平时参与较少、比较害羞的学生多参与,让他们在活动中敞开心扉,增进同学友谊和增强班集体荣誉感,打开心结。

(注:本文系 2013 年学校学生工作案例一等奖。)

【案例评析】

资助工作是高校育人的一项重要的工作。2017 年 12 月,中共教育部党组印发《高校思想政治工作质量提升工程实施纲要》的通知,通知指出,高校育人应构建十大育人体系,其中"资助育人质量提升体系"便是这十大育人体系的重要组成部分。恰如王春花老师在具体的工作中体会到的,资助工作应从重资金资助向重情感帮助转变。其实道理很简单,一般而言,家庭经济困难的学生与家庭经济条件相对较好的学生相比,前者承受着更多的压力,其身上也许就会存在着比后者更多的矛盾冲突。在解决家庭经济困难学生的经济问题,确保"不让任何一名家庭经济困难学生因经济困难而失学"的同时,在经济上应该做到让每一名家庭经济困难的学生在校期间都能吃饱饭。在做好了经济保障的同时,对于家庭经济困难的学生,学校还应在情感上关心,在就业上用心,在发展上上心。在"授之以鱼"的同时"授之以渔"。

案例 9　关于学生心理异常情况处理的工作案例

经管管理系　程淑华

一、学生基本情况

王某,女,山东聊城人,企管专业大一学生。父母均为医生,家境较好,但从小与父母的关系不和谐,在家经常会冲着父母发脾气,砸东西。事发之前在我院情况基本正常。

二、事件经过

2013 年 3 月 17 日 21：00 左右,王某舅舅给我打电话,提到王某室友张某给王某的母亲打电话,反映王某近期行为反常。室友都建议她与心理老师及班主任沟通,但王某不同意,且情绪很激动,因此只能与王某家长联系。王母认识到情况的严重性,但又不敢与班主任直接沟通,遂通过王某舅舅与我打电话沟通此事。我立刻与王某本人联系(但因王某的手机欠费停机,无法打通),于是通过其室友了解到其部分反常举动,但又不能判断是否属心理疾病,遂与叶星老师联系,叶星了解后认为暂时还无异常,无法判断,密切关注即可。我于 17 日 22：27 分与王某舅舅取得联系,并说明王某相关情况。

3 月 18 日早上,王母给我发短信说:"程老师好,我是王某的妈妈,孩子性格内向,心思过重,高考压力过大,导致高考时语文试卷忘记涂卡,高考失利对她打击极大,她的高考分数根本不告诉任何人,高考后情绪不好脾气暴躁,接到录取通知书后好了许多。春节回家后不发脾气了,有时一个人掉眼泪。问她有什么事,她只说没事,我总认为时间久了她能打开自己的心结,看来我错了。老师,我不知道她现在的情况,请老师多费心帮她打开心结。请老师帮帮孩子,帮帮我们,请同学帮帮她!"据悉,王某曾复读一年,第二年又因语文试卷答题卡未填,高考没有考出令人满意的成绩。

3 月 18 日 15：00,我找到王某及其室友 3 人一行到办公室了解情况,这期间王某基本能回答我的提问,但回话不多,且总是掩嘴而笑,并未发现异常。因此吩咐其室友近期留意观察,如有异常情况立刻向我汇报。同时将该情况向系副书记王瑾、负责心理工作的辅导员王兰及大一年级辅导员王文华反映。王书记指示,我要以母亲、女儿和老师的三重身份与王某谈心,打开其心结,谈话结果良好,聊天完毕后王某就主动给其母打了电话。

3月19日下午,我又单独找王某聊天,从生活和学习等多方面了解情况,王某都能正常回答问题,但并不积极主动。谈话中了解到她喜欢打羽毛球,遂与其约好3月21日下午上完两节课后一起打球。打球期间王某行为举止基本正常,但总是有莫名发笑的行为。王某母亲几乎每天都会发短信了解情况,也未出现异常。

3月29日周五下午,企管122班心理委员向叶星反映王某在教室上课时经常一个人呆坐,且自言自语或者一个人傻笑。叶星立即与我联系,并约好下周一(4月1日)带学生过去面谈。4月1日15:00,我去上课教室找王某同去叶星办公室,无意中发现王某的书本被画得一塌糊涂。叶星单独谈话后判断其有精神分裂前期症状之嫌疑,并向王书记反馈,经商量立即通知班主任联系家长,约定尽快送达杭州第七人民医院做鉴定。

4月2日中午,王母坐飞机赶到杭州,我与王某坐校车去机场接人,之后直接驱车赶赴七院。同时毛淑芳老师已在医院挂号完毕,车子一到医院立即安排检查。在车上王某知晓自己要去医院时有些反感,称自己没病为什么要去医院,但并无其他反抗症状。而到医院看到门诊医生的标牌后才意识到是精神科,此时王某开始发泄,辱骂其母,并对我和毛淑芳发脾气。后抵抗医生的诊断,消极回答心理测试题。最后医生鉴定是精神分裂前期症状并建议休养两周,开了点药。出医院上车时王某继续骂其母,大意是十分不满老师带她来这个医院检查,没病也会被当作精神病人看的。在已上车的情况下拉开车门跳车跑开,后只允许其母靠近,我与毛淑芳只要一接近她就躲开,且往马路中间跑,情况十分危险,也不愿上车回学校。因此我在王书记的指示下只能在暗中陪同母女两人。直至18:30左右,母女俩打车前往下沙,我也另外打了一辆车紧随其后。19:30左右,王某母女俩入住下沙"一住一宿"快捷酒店,王母给我发短信反映王某情况良好,但提起老师还是有抵触心理,看到是我打去的电话就拒接,也不让其母接电话,因此只能短信保持联系。

4月3日下午,王母陪王某回学校寝室,14时左右,杭州第七人民医院心理专家丁医生约王某面谈,但王某拒绝交流。丁医生只能向叶星了解王某的相关情况,并结合自己多年的专业知识和临床经验,诊断出王某现在已经有精神分裂的症状,而不是一般的心理问题了。丁医生建议王某要赶紧住院接受专业的治疗,并进一步检查。

14:10左右,王书记、辅导员王万志和我一起到叶星的办公室,共同向王母了解王某的相关情况。15:10左右,丁医生和叶星一起去王某的宿舍了解情况。15:40左右,丁医生和叶星从宿舍回到办公室,王母告诉丁医生同意让王某当晚就住院治疗。随后,王书记联系校车及保卫处,并和王万志、毛淑芳及一位学校保安陪同王某母女俩前往杭州第七人民医院办理住院的相关手续(因学生见我仍是排斥,我并没有一同去七院)。16:10左右,叶星、毛淑芳、王万志和王母赶到王某宿舍楼下,劝服王某坐上校车。18:00左右到了医院,开始挂号办理住院手续,在医院里王某状况较为稳定。18:40左右,王某在其母和护士的陪同下住进了病房。之后王书记安排我去王某的宿舍把其生活用品收拾好后打包,并让校车师傅晚上返程时顺便送到医院。

4月9日早上,我与学工办主任王春花、辅导员王文华去杭州第七医院看望王某。王某状态较好,并能积极接收治疗,但王母表示希望能早日出院,她说王某的主管医师(一年轻医生)表示在七院这样的环境中并不利于孩子的精神健康恢复,还是应处在正常的社会环境中去恢复。我们对家长表示其心情可以理解,但治疗的一个疗程并未到,一切还是应以主治医生丁医生的书面建议为准。在后续十几天的治疗过程中王母一直与我保持联系,但电话及短信中都流露出想让孩子出院早日回到学校正常上课的意思。

4月26日,王父赶到杭州。4月27日上午,王父为王某办理了出院手续,而接收其住院的丁医生并不知情,且王某一家人均未告知老师王某出院的信息。我在与王某室友的谈话中获知了此信息,立即与王母联系,王母表示是宋医生建议其出院的,且王父来了之后想带王某外出逛逛散散心,并在电话中询问我院的五一假期安排,想趁假期学生较少带王某回宿舍住。我立即向王书记汇报情况,王书记立即进行了部署。

4月30日,在学生处张鹏超处长以及王书记的指示下,我与王某家长取得联系,并指出学校因五一假期,老师们都放假不在校,学生的个人安全无法得到保障,希望王某在5月2日教师们上班后再返校,王母表示同意。这期间王某一家都住在下沙"一住一宿"快捷酒店。

5月2日下午,我与王某父母见面,按照王书记的指示表示,学校规章制度中规定学生病愈后返校需开具医院的相关证明,精神疾病较为特殊,必须通过门诊或者其他鉴定方式证明王某能恢复正常的课堂学习,然后才能办理相关手续返校学习。家长表示理解,并答应去七院开具相关证明。但由于王某的治疗时间偏短,且其精神并未完全恢复理想状态,因此直到5月6日医院都无法出具相关的认证。

5月7日13时,在系会议室,王瑾书记、王兰、王文华、叶星、系办主任陆春光及我一起接待了王某及其父母一家人。在交谈中,我们从家长、学生本人、学校几个角度谈了王某现在立刻返校并不是一个最好的时机。王书记从为人父母的角度建议王某能通过在家休养,把身心恢复到最健康的状态,并改善与父母的关系;陆春光从学籍管理的角度(一学期缺课连续超过三分之一的课时)建议学生休学一年。老师们都希望本身心理压力较大的王某能够在家休养一段时间,以便更好地调节自己的身心,以免在校学习过程中由于跟不上课程进度造成更大的心理压力而不利于自身心理健康的恢复。各方面权衡之后,王某家长同意办理休学手续,我随后陪同家长去医务室、宿管科等部门办理相关手续。

6月8日，王某及其父母踏上了回山东聊城的火车。

三、案例启示

在此事件中，系部的相关领导和老师们高度重视，特别是王书记亲自陪同学生去七院治疗，让学生及其家长深刻体会到学校及系部是关心关爱他们的，真正做到了以生为本、人文关怀。在事件进程中，始终以学生安全为中心，我们所做的处置措施到位，没有对其他学生造成影响，也避免了王某的心理状态进一步恶化，有效保证了其自身安全，也有利于事态的平稳有序发展。

而对于有隐疾的学生，须尽早发现、尽早确认。班主任可以在平时宿舍走访、电话家访等时获得有用信息。因为精神分裂最主要的问题是患者缺乏自制力，没有对自己疾病和表现的认识能力。王某意识不到自己的幻觉、怪异的行为举止是病，也不认为自己的精神活动有问题，不能意识到自己的病态变化，无自制力。因此对于班主任而言，非常重要的一件事情就是尽早发现，并请心理健康咨询中心确认。如果确定为精神分裂症，要及时通知家长，请心理健康咨询中心协助转入相关专科医院尽快就诊，并办理离校手续。

（注：本文系2013年学校学生工作案例一等奖。）

【案例评析】

严格而言，该生的心理问题已不是心理疾病，而是精神疾病。该案例从发现到处置均较为及时且妥当。这固然得益于学校、经营管理系领导们、心理专业人员高度重视并密切配合，得益于杭州第七人民医院医生们医术高超且积极配合，得益于学生家长正视现实并主动配合，更得益于班主任在事件处置中尽心尽力且方法得当。程淑华老师得到信息后便详细了解情况，主动寻求心理中心专业人员的帮助，主动向经营管理系汇报并寻求系领导的指导和帮助，可以说赢得了先手牌；找同学了解情况，单独找王某聊天，约王某打羽毛球，赢得了主动权；按照学校和所在系的判断，与学生家长沟通配合，联系杭州第七人民医院治疗，采取关键措施，进而积极有效地促进了事情圆满解决。在此，感谢所有为王某辛勤工作的人员，尤其要感谢班主任程淑华老师。

该案例的后续情况是休学一年后，经鉴定该生已有所好转，继续返校学习。鉴于该生情况较为特殊，学校建议其较为亲近的人员陪同上学，这样更有利于学生治疗和康复。其家长陪同一段时间后，该生情况有所好转，便回到寝室居住。在药物治疗及老师们尤其是经营管理系学生工作教师和家长的共同配合下，该生顺利毕业并就业。

案例10　将师生感情交流融入学习生活细节

体育军事部　靖庆磊

班主任一职是我入校以来的第一份管理工作，也是令我感到十分兴奋且感到责任重大的一项工作。下面我将班主任任职期间的典型案例进行列举分析，微薄经验供大家参考。

一、时间是感情建立的基石

2011年2月，我收到所在系通知，接任已经大一下学期2010级两个班的班主任工作，我很清楚之前的班主任已与学生建立了深厚感情，他们也习惯了之前的管理方式，现在换一个新的班主任他们肯定是不适应的。所以我首先选择了"感情攻关"的方法，自从接管班级后，我保证一周最少3天都陪着他们一同上晚自习。一周会有1—2次在晚自习最后15分钟为他们解答问题或者推荐学习方法和相关学习书籍。记得第一周我占用晚自习一节课为两个班级介绍了我自己的学习、生活历程，以及大学时优秀学生的思想，目的是让他们了解我，并影响他们对大学的认识。一个多月后，班里同学和我已经成为好朋友，相互间越来越熟悉，半年后我与班级已经完全融为一体。大一这半年中，我们两个班级分别组织过自己的班级联欢会、太子湾游玩、九溪烧烤，他们很乐意邀我一块参加，在这过程中我就像一个大哥哥，带着他们开心地玩，他们也觉得我很容易接近。

师生感情的增加必须要有充足的时间交流，时间就像催化剂，交流产生感情，时间越长感情越深。我与学生的感情是靠长时间的积累产生的，同样，班干部与同学们的感情也是靠长时间的交流才越来越深。班主任要想更好地了解哪个或哪类学生，首先要在时间上下功夫。

二、特殊的关心促进班级更加和谐

2012年3月，我班有一女生在校外滑旱冰时不慎摔倒并导致胸椎断裂，得知此事后，我马上组织带领学生干部前去浙一医院探望，并安排大家分工为其办理医院入院手续，同宿舍学生争抢轮流守护。由于此学生家庭困难，我为她垫付了入院费并积极向系部汇报，熊书记十分重视和关心此事，不但想办法为其解决医药费问题，并于当晚亲自去医院探望，也代表系部和学校给予学生住院费支持。当时，该生和她妈妈皆因感动落泪。经过两次成功的手术和两个月的恢复，该生已经完全康复，最后顺利进入订单班，现已在银行工作。有空她会给我来个电话，谈一谈自己的情况,因为她一直记着那段黑暗却又温暖的时光。经历此事后,学生对我更加认可,也十分感动,我与学生之间的关系愈加亲密,此事也让我为书记的行为和付出所感动,我也立志用心做一位认真负责的班主任。

作为班主任,要时刻了解班内动态,遇到特殊事件更要全身心投入,尽力做得周全,在感情上让学生感受到至亲至爱。对特殊事件的特殊处理更能影响学生们对老师的看法,一旦理解必能引起学生的尊重和爱戴。

三、个体间单独交流效果更佳

大二的学生比大一更难管理,因为部分大二学生对学习和生活更懈怠。在大二期间我将频繁的班会取消,换成了一种新的方式了解学生问题。我带的两个班共 98 人,每个班 49 人,我规定每天中午和晚上让 1—3 个学生自由组合来我办公室谈心,谈心过程中我主要解决以下几个问题:摸清他们近期的生活学习状态、近期思想、有何困难或问题、技能情况、同学关系等。为了增加他们的积极性,我采用了饭前交流管饭制,如果赶到饭点来交流,我会请他们到汇丰食堂吃饭。与他们近距离交流能了解到很多他们内心的想法,了解到他们的具体状态,更容易发现问题,不使问题激化。

个体小范围交流心得能更有效地让班主任了解和掌握班级学生的特点,能防范班级问题的出现,也能更好地与学生交流,从而增加感情,以便后面更好地管理。

四、奖惩有原则

大二阶段,系部经常组织技能比赛,我的两个班学生水平参差不齐。一班为职高生源,二班为普高生源,一班技能整体比二班高很多。都说专业技能是大学学习的核心文化,也是将来竞争的核心。为了刺激他们的技能练习,我采用了奖惩办法:奖励在全系技能考试中位于前列的人员,惩罚技能不能达到标准或者拖后腿的学生。从班费中出钱为技能优秀者购买技能练习的系统盘或其他奖励,规定不能达到标准的学生每天早晨 7 点到操场跑步 3 圈,直到自己的技能成绩达到标准为止。这样的惩罚开始会受到学生一定程度的反对,但后来的确促进了很多学生技能水平的进步。有压力才会有动力。

班主任在班级管理中必须做到评奖、评优的公平性,对于表现好的进行奖励,对于差的进行惩罚。赏罚有度,有理有据更能促进班级学生的成长。

(注:本文系 2013 年学校学生工作案例二等奖。)

【案例评析】

一般而言,老师都不愿意中途接手某个班级的班主任工作。靖庆磊接到通知后,毫不犹豫地接手了两个班级的班主任工作,一是说明靖老师有较强的组织观念,因为没有特殊情况,原来的班主任是不会中途退出的,学校也不会中途换"将"。二是说明靖老师既然敢揽瓷器活,便有金刚钻。靖老师的金刚钻是投入时间,陪着学生一同上晚自习;投入亲情,参加班级联欢会和游玩,与学生小范围交流并邀请学生共进午餐;投入爱心,关心并帮助受伤学生一同战胜病魔;加强管理,有奖有罚,促进学生技能训练,帮助学生发展。

案例 11　关于加强女大学生安全教育的若干建议

——基于某女大学生擅自离校事件的个案研究

经管管理系　王　兰

近年来,各类高校大学生安全事故频发,特别是作为校园安全问题弱势群体的女大学生,在成长过程中面临着社会生活和校园生活的各类安全威胁和挑战。由于安全意识不强及防范能力较弱而导致的女大学生被骗、被盗、失踪、堕胎、自杀等人身、财产受到侵害的恶性事件时有发生。面对严峻的安全形势,高等学校必须高度重视女大学生的安全问题,采取切实有效的措施提高女大学生的安全意识,以规避或减少各类安全事件对女大学生的伤害。

一、案例介绍

5 月 5 日 13:30 左右,驻公寓辅导员王某接到保卫处裘某电话,裘某称其接到经管系大一新生陈某母亲电话。陈母称自 5 月 4 日晚起开始给陈某打电话,但电话始终无法接通,无法联络上女儿,非常担心女儿安全,希望学校帮助联络陈某。王某接到电话后,一方面组织楼委到楼下阿姨那里查看学生寝室号码,确定其寝室信息;另一方面及时联系其年级辅导员华某确定其班级信息。查实信息后,王某和华某分别通过寝室同学、班级同学了解其去向,但陈某寝室同学表示该生于 5 月 3 日晚离校,并未告知具体去向,班里也无其他同学知道其具体去向。

后经寝室同学了解到,该生以往也有类似的情况,周五晚上离校,周日下午会按时返校。同时,王某了解到该生有一名已经工作的男朋友。据此,王某推测该生可能是到男朋友那里去,且手机没电或出现通讯故障,故而无法取得联系。了解情况后,王某一方面向保卫处进行了反馈,说明了自己的推测;另一方面,通过其班主任动员学生在其 QQ 留言,以便及早与该生取得联系。

5 月 5 日 15:30 左右,该寝室同学称,已经和该生在网上取得联系,该生表示去同学家玩,现在正在返校途中。王某将最新的情况再次向保卫处做了反馈,同时,表示会和其班主任联系,进一步做好后续的教育工作。5 月 5 日 18:00 左右,陈某返校。5 月 6 日晚和 5 月 7 日上午,华某、王某分别与陈某进行了谈话,进一步了解其离校期间的具体去向,进行后续教育工作。多番沟通后,陈某表示离校期间确实住在男友处,且以往有过类似行为。经过老师反复劝导后,陈某表示已经知错,保证今后会按时返校,遵守校纪校规,不再夜不归宿。

二、案例分析

本案例中,女大学生陈某虽未受到伤害,但从案例当中,我们可以看出,以陈某为代表的女大学生至少存在以下问题。

(一)安全防范意识淡薄

如同当前很多女大学生一样,陈某社会阅历简单,处事经验不足,安全防范意识淡薄。在没有充分了解的基础上,便轻信他人,轻易建立恋爱关系,并在相处不久后便在"男朋友"住所留宿。事情发生以后,陈某也未能正确看待自身存在的问题,对事情的真相及有关"男朋友"的信息有意掩盖、隐瞒。

(二)安全行为习惯较差

独立生活能力较弱,与他人人际交往过程中存在障碍,有效沟通不畅。陈某在独自外出时,既未向寝室或班级其他同学告知去向,也未透漏其交友的有关信息,没有养成良好的安全行为习惯,使得老师对其离校期间的去向难以及时取得有效线索。

(三)安全防范能力较弱

陈某在擅自离校期间,手机始终处于关闭状态,且不曾与外界主动取得联系,缺乏必要的防御、自救知识以及有效的危机处理技巧。在与他人交往时,不懂观察,不加防范,对于交友的尺度也把握不准确,这些都会对自身安全造成严重威胁。

三、关于加强女大学生安全教育的若干建议

(一)完善安全教育管理制度

要建立健全高校安全教育管理的组织机构,进一步巩固落实安全管理责任制,明确职责,合理分工,将安全责任、安全工作落实到人。要制订和完善各类安全教育管理制度,进一步改善安全教育管理办法,定期演练,深化考核,完善突发事件的应急处置方案,并建立配套的安全评估体系,形成规范化、系统化的考核评估制度。要加强安全教育的经费投入,设立安全管理专项经费,用于安全教育、隐患排查、硬件设施改进、突发事件演练和安全事故处置等,保障各项安全工作落到实处。

(二)形成安全教育课程体系

要将大学生的安全教育纳入学校的教学计划,设立安全教育教研室,制订安全教育计划,明确教学内容,在加强基础安全教育的基础上,针对女大学生的生理特点、心理特点,进一步加强女大学生专题安全教育,帮助女大学生树立正确的爱情观、交友观,正视生命的价值和意义,珍爱生命,珍惜生活。要抓住新生入学、实习

生离校等契机,有侧重性地开展安全教育,强化校规校纪教育、交通安全教育、人身安全教育、财产安全教育和就业安全教育,提高女大学生的安全防范意识。

（三）丰富安全教育活动载体

采用传统与现代相结合的方式,一方面,积极开拓安全教育的内容,编写形象、生动、实用的女大学生危机管理手册,宣传安全教育思想,发布安全教育知识;另一方面,充分利用博客、微博、QQ 等网络思想教育阵地,建立女大学生安全教育与危机管理专题网站,及时掌握学生的思想动态和教育需求,增强女大学生安全防范意识,提高女大学生安全防范能力。同时,可采用安全教育月、安全知识讲座、安全知识竞赛、安全主题情景剧等丰富多彩的团学活动形式,加强舆论引导,优化安全育人的外部环境,形成良好的校园安全文化。

四、结语

安全教育是高校思想政治教育的一项重要内容,也是大学生知识体系不可缺少的一个组成部分。加强女大学生安全教育,帮助其树立正确的安全防范意识,养成良好的安全行为习惯,掌握必要的安全防范能力,实现健康成长、快乐成才的培养教育目标,已经成为当前高等教育中亟待完善的内容之一,需要我们共同去探索和实践。

（注:本文系 2013 年学校学生工作案例二等奖。）

【案例评析】

由于一直身处校园,学生对社会上欺骗、盗窃等事件没有清醒的认识;由于生理、心理等特点,使得女生处于安全的弱势地位。女生的安全问题确实是需要引起我们高度关注并采取相应教育措施的一项重要工作。近些年来,为了做好女生的安全教育和管理,学校在每年新生入学后都会邀请校外专家,对全体女生开展女性心理、生理专题教育;邀请公安部门派出得力警员对学生进行安全教育;组织全体学生学习《学生手册》并组织测试;依托明理学院开展明法理教育;二级学院以及各个班级也会有针对性地开展各种安全教育。学校、各二级学院、班级还会通过早晚自修、课堂考勤、各类假期返校人员统计、学生信息员队伍信息反馈、任课教师沟通等多种形式加强管理,做好学生尤其是女生的安全管理。但即便如此,女生的安全问题依然是防不胜防。王兰老师的案例便从另一个侧面反映出了此类事件安全教育的重要性和必要性。还好,王兰老师同其他老师共同做好了女生的安全教育工作,这也是我们做好各类工作的一个重要方面。同时,我们还要进一步落实班级工作班主任责任制。

案例 12　静听花开的声音

金融系　汪卫芳

　　经常和朋友聊天谈及班主任工作,很多人的感受就是做班主任很累,工作压力越来越大,学生越来越难管,可是学校对班主任工作的要求却越来越高,教学、科研、班主任工作,一样都不能少,都不能放松,所以就感到特别累,以至于提及班主任工作,很多人都会望而却步。对于多次担任班主任的我来说,也会觉得现在的班主任工作的确越来越难了,但是我们要在工作中体会辛劳后的快乐,体会学生进步后的幸福。

　　2013 年 9 月,经过了一番思想斗争,秉着对教师职业和对学生的情愫,更在家人的理解和支持下,我又一次担任班主任,而且是中外合作班的班主任。时光飞逝,一学年也在指尖瞬间流逝。回想起来,期间有困惑,也有疲倦,甚至是泄气,但是随着时间的推移和对学生的了解,我越来越体会到学生成长带来的欣慰和幸福。

　　今年的班级说起来有些特别,是我们国际金融专业第一次中外合作办学的班级,录取分数比学校的最低分数线还要低 40 分左右,甚至比原来的国金专业要低更多。接班后,我发现很多学生的家长都是做生意的,平时疏于对孩子的教育,因此学生在学习习惯和学习兴趣等方面都存在不足。但是既然家长把孩子交到了我的手里,我就要对学生负责,对家长负责。记得有位优秀班主任这样说过:爱学生,不仅仅是只对自己所教的这一年或几年负责,而是"对学生的成长以至未来的一生负责";爱学生,不单单是欣赏优秀的学生,而是"怀着一种责任把欣赏与期待投向每一个学生";爱学生,不应是对学生的错误严加追究,而是以"博大的胸襟"宽容学生。爱就是"一份纯真,一份庄严,一份责任感",就是民主,就是平等,就是把"童年还给童年",就是为学生的"美丽人生"奠定美好的开端,这才是做老师最大的幸福。我非常赞同这位班主任的说法,更敬佩他的为人,我经常以他为榜样来鞭策自己,努力使自己成为这样一位拥有大爱的优秀班主任。

一、案例一:适应与规范

(一)案例介绍

　　记得刚进校时,很多学生都认为大学是轻松的,是自由的,是一个想做什么就能做什么的地方。在他们看来,经过了十多年的寒窗苦读,大学就是一个给他们放松、享受的地方,这也是现在的大学遭到质疑和无情批判的重要原因。看到有些人对学习态度敷衍,对成绩满不在乎,对自己的未来又迷茫,再加上任课老师的评价,一度让我感到有些失落和气馁。但是他们的单纯、他们的直率、他们的活力、他们的毫无掩饰和直截了当，又给我了工作的动力。军训一结束，班里就进行了班委的选举，通过自荐和公开演讲来争取岗位。学生的表现让我感到惊喜，他们那么踊跃，那么勇敢，有些同学没有担任过班委，但还是对班级事务有着一腔热情，也希望通过工作为班级服务，锻炼自己的能力，很多行为都让我感动。经过激烈的竞争和大家的投票，终于组成了一支班干部队伍。在他们的努力下，班级管理公约、班级纪律制度、班级卫生制度、班干部管理条例、个人学习计划等规章制度一一出台，在快速适应大学崭新环境和生活的同时，学生也逐渐开始从各方面规范自己的行为，每个学生也都明确了自己的目标。虽然在实际执行的过程中还有一些不尽如人意的地方，但是我也真真切切地感受到学生的努力，特别是学生在礼貌方面、纪律方面和为人处事方面的进步。他们见面时的"老师，您好"，电话中的"老师，谢谢啦""老师，再见"，他们对学校活动的投入和取得的成绩，都让我感到快乐，更让我再一次体会到当班主任的幸福感。他们让我更充满信心，更充满希望，给我更多的惊喜、幸福和快乐。在我的眼里，他们虽然在高考中没有取得更好的成绩，但是他们依然是最棒的，每一个学生都是我的骄傲！

（二）案例分析

"95后"的学生个性鲜明，自尊心强，想法也很多，希望自己的言行得到大人和老师的尊重，对一味地说教和批评具有一定的叛逆心理。但"95后"的学生并非什么也不听，若是运用合适的方式引导，也可以让他们信服，让他们走向正确的方向。这些合适的方法，需要班主任多方面了解同学的心理和想法，从适当的地方切入，或是运用同学身边的力量去解决问题。一味地说教和批评甚至勒令，会对学生的心理造成伤害，也会使今后的班主任工作受到阻碍。所以，在解决问题时，不能激起学生的逆反心理，否则效果会适得其反。对于他们，及时的鼓励和赞赏更能激发他们的积极性和动力，也会收到事半功倍的效果。

二、案例两则：积极引导，助力学生健康成长

一学年来，班级中有心理问题倾向的学生有两个，而且都是女生，这就说明女生的心思更需要去了解，去琢磨，更需要老师的关心。

（一）女生一：自感排斥难融入，强烈要求换寝室

开学两个月左右，一位女生（还是一位班委兼寝室长）找到我，要求换寝室，原因是寝室同学都在排斥她、孤立她，不喜欢和她说话，自己很难融入进去，而且自己早睡早起的生活习惯也和她们的夜猫子生活格格不入，每天都感觉睡眠不足，身心疲惫，影响了学习和生活，并且对于自己的精神和健康也有了一定的影响。针对她

提出的要求,我没有当场答应,而是耐心地听她倾诉所有的不满和委屈,并让她给我一周的时间全面了解情况后再给答复。

送走学生后,我马上开展调查。这个寝室有三位是班干部,其他同学的性格也比较外向,生活中非常开朗活泼,不像是难以相处的同学。在了解的过程中,我得知该女生平时喜欢和外系一位曾经的高中同学一起,常常是晚自修后才回寝室,而其他同学基本上都是行动一致,关系非常融洽,所以这位同学回寝室后对其他同学的谈话内容不够熟悉,很难接上话茬,就感觉自己受到了排挤,而且自己回寝室就上床睡觉,其他同学却还在那里欢快地谈笑,影响了她的入睡,她感到非常的生气。时间一长,越想越觉得大家对她有意见,不喜欢她。

其实,寝室同学并无此意,知道了情况后,我还召开了寝室会议,重新选举了寝室长,寝室同学对影响她睡眠一事进行了道歉,并多次邀请她一起活动和外出聚餐,但是都被这位同学谢绝了。我又分头和班委、寝室的同学及这位同学进行了多次谈话,但是该同学始终有个心结,后来还写了邮件表示自己的痛苦和换寝室的要求。我感觉这不是寝室同学在排斥她,可能是她自己心里有些偏激的想法。于是,我再找该生的亲戚进行了解,也找了班上一位经常和她一起的同乡了解情况,进一步熟悉学生的性格特点,以便能够更好地找到解决问题的方法。随着期末的临近,我让同寝室的同学多关心她;寝室长负责关心她的生活和情绪,定时汇报;并且规定寝室成员晚上提前就寝,尽量不影响她休息,让同乡多安慰她;我也更加关注和关心她的生活、学习和心情,经常鼓励她先认真复习考出好成绩,并给予承诺:如果寒假后她还是不能释怀,情况不见好转,就一定争取帮她调换寝室。

经过寝室全体同学的努力和寒假的休整,她有了充分的时间进行反思,逐渐意识到可能是自己认识上的错误。假期后她主动找我聊天,并说自己积极和寝室同学一起活动、外出,感到很开心。第二学期她们寝室的关系非常融洽,该同学的学习成绩也有了明显的进步,该寝室还获得了文明寝室。看着她重露笑容,我的心也宽慰了不少。

(二)女生二:自卑敏感求完美,压力过大损健康

该生进校时班级排名居中,虽然各方面不是很出彩,但是乖巧可爱,学习认真,任课教师对她评价都比较高,是同学和老师都认可的好学生。经过一学期的观察,我发现她的主要个性特征:内向,内省理智,与人友善;好胜心较强,追求完美,做事井井有条;敏感,多虑,遇事过于细致严肃,易从消极方向进行归因;不安于现状,易产生内心冲突;执着,具有坚持性。具体表现:觉得自己不够出色,没给爸妈争气,还添了不少麻烦;考完试后总忐忑不安;担心班上同学说她的坏话;怕老师不认可自己;经常纠结于一些自认为不公平的社会现象,致使自己很郁闷。这种情况在身体出现一些小状况后更加严重。综合向心理老师咨询的结果

和她各方面表现,我归纳该生性格具有双重性,有明显的心理障碍:焦虑、过度压抑自己、缺乏自信,并有明显强迫症状。第一学期没有异常的表现,而第二学期由于妇科方面的一些疾病(例假混乱或长时间不来),她经常要去看医生,做检查、打针吃药,心理压力大,休息不好,体重下降很快,在和老师、同学们的交流过程中没有过多地流露抑郁症状,但是回到家里或和母亲交流时,表现迥然不同,经常会说一些消极悲观的言语。

班主任在了解了具体情况后,非常重视。因为先前多次谈话中,她并没有表现出异常,在老师面前也比较健谈,而且对自己的要求也比较严格,总会认真按照老师的要求努力完成任务,因此老师没有注意到她的问题。我与该生母亲联系后才得知具体情况,并和系领导、心理老师等进行了沟通。她在学习和生活中便承受着巨大的压力,觉得自己做不好事情,对不起父母,心里有了"疙瘩",不敢对老师讲,对同学也不能倾诉,缺少宣泄的机会和环境,时间一长,对她的身心健康产生了消极影响。而长期的焦虑又使她变得悲观、消沉,失去信心,失去生活热情。

找到病理产生的根源,我们积极和家长取得联系,并采取了适当的措施:第一,由于学生家离下沙不是很远,征得领导同意,让该生晚上回家休息,白天由父母送到学校上课,这样能够在饮食和睡眠方面得到更好的照顾。第二,加强心理辅导,帮助学生克服自卑心理,保持自信。该生因班级其他同学家境优越,心存自卑,又有极强的追求完美的欲望,做事力求尽善尽美,对自己很苛刻。于是常夸大自己的不足与弱点,并为此苦恼不堪,自卑自责。班主任整理了她近一学年的各种积极表现和成绩加以鼓励,放大优点,及时给予肯定和欣赏,让同学们也多夸她的优点。该生在期末考试中取得了较好的成绩,班主任向家长报喜,并通过 QQ 大加赞赏,鼓励她继续努力。这些做法都极大地鼓励了她,她逐渐恢复自信,并有信心在二年级争取更大的进步。第三,建议父母咨询心理医生,必要时服药帮助康复。在最近的联系中,其父母表示她的情况有了很大的好转。班主任在 QQ 聊天时也能看到她的一些积极的言语。

(三)分析和体会

班主任是最接近学生和最受学生信任的教师,可以通过细心观察、直接接触、深入谈话、与家长交流等多种渠道全面了解学生,及时发现学生的心理变化,对于心理问题的早期发现、评定和干预具有重大的意义。同时,班主任还要掌握学生的心理动态,有针对性地进行学习方法、学习态度、自我认识和心理调整的教育,帮助学生尽快、顺利地适应新的学习环境和生活环境,使班级早日进入良好状态,减少造成学生心理问题的隐患。

班主任要积极为学生营造宽松、和谐、友好、互助的班级氛围。通过丰富多彩、主题鲜明的班会及活动,帮助学生全面了解大学的学习和生活,促进同学之间的沟通和交流。同时要关注和及时了解学生的思想动态,对思想出现波动的同学要及时谈话,对症下药,帮助他们解决问题,让他们感觉到集体的温暖。在良好的交往气氛中互相支持、互相帮助,减少猜忌敌视,减轻精神压力,在以合作为前提的良性竞争中,共同进步,健康成长。

班主任要加强学习,掌握一定的心理学知识。借助心理健康教育的方法,如无条件积极关注、正强化等手段可以减少师源性心理问题。班主任不能随意贴标签,也不要将学生的心理问题仅仅当作一般的品德问题进行思想教育,心理问题还需用心理学的科学知识和调整方法去解决。如果这类学生犯错误,教师进行批评教育的时候,采取单独的、温和的、善意的批评,真诚地关心他们所遇到的困难,更容易被他们所接受。班主任要根据实际情况,充分利用主题班会、班级活动等,教学的便利条件和特殊优势,积极进行心理健康教育和引导,帮助学生培养健康的心理,为学生营造一个充实快乐的大学生活。

(注:本文系 2014 年学校学生工作案例一等奖。)

【案例评析】

笔者 2007 年到金融系工作时便开始了和汪老师的接触,当时汪老师担任国金教研室主任。印象中的汪老师工作认真、负责、效率高、质量好。后来有机会接触或者了解了一些汪老师担任班主任时的校友,校友们表现优秀而且对汪老师的评价很好。按照学校的规定,汪老师可以不当班主任的。恰如她说的,秉着对教师职业和对学生的情怀,她又一次担任班主任。这样一个经验丰富、能力强的老师担任班主任工作,效果必是极佳的。虽然汪老师担任班主任的中外合作的国际金融专业录取分数比学校的最低分数线要低一些,学生的文化素质相对其他专业的学生要差一些,但是从日常的工作和征集的案例中可以看到汪老师的敬业和优秀的管理能力。虽然汪老师列举的案例是日常学生工作中常见的事情,其他班主任、辅导员也会经常遇到类似的情况,但是,并不是所有的学生工作者都能够处理好汪老师案例中的事件,汪老师的工作态度和工作方法值得我们学生工作者学习、借鉴。案例一是入学适应和班级管理的问题。汪老师发现了学生普遍存在的错误认识,那就是很多学生都认为大学是轻松的,是自由的,是用来放松的;发现了"95 后"的学生个性鲜明,自尊心强,反感一味地说教和批评。她有针对性地加强了学生自我管理、自我教育,并辅以老师的及时鼓励及赞赏,做好了班级的规范管理。这些问题的发现,这些工作的开展,需要班主任老师深入学生,需要班主任老师科学总结并创造性地开展工作。案例二说的是学生的心理健康问题。目前看来,有心理障碍乃至心理疾病的学生有增加的趋势,其表现方式多样,人际关系冲突便是这些心理疾病的表现形式之一。对于这些学生的帮助,既需要班主任教师的投入,还需要有一定的专业知识和工作方法。汪老师学习心理健康相关知识,并有效利用心理健康的工作方法,取得了很好的效果。

案例13 关于电话家访的工作案例

经营管理系 程淑华

学校在刚开始部署班主任做好电话家访工作的时候,我还觉得这工作有点多余,潜意识里认为一般只有中小学的班主任才要打电话给家长,而且一般也都是学生发生什么不好的事情了,要告状了才去跟家长沟通的。我们的学生好歹都是大学生,这种自我管理的能力还是有的吧。可事实胜于雄辩,经过两年的电话家访,我觉得这个工作意义非常大,至少对我本人的班主任工作的帮助非常明显,下面用几个案例来说明吧。

一、案例一

曾某,女,福建松溪人。大一下学期时某一天在课堂上突然晕倒,失去意识,情况看起来非常严重,同学急忙将她送至学校医务室。后经医生问询其室友得知,曾某最近一段时间为了减肥,经常不吃或者少吃食物。那天恰好早饭没吃就去上课了,在第三节课的时候撑不住就晕倒了。按医嘱,室友帮忙买来了巧克力、牛奶等食物让曾某食用,其情况慢慢好转,她也能用点头、摇头来回答我们的提问,但人仍是很虚弱。

在此期间,我第一时间联系了曾某母亲,告知当天的突发状况。但很奇怪的是,其母接到电话后在言语中并未表现出非常担心,只是一味表达谢意,我觉得有点奇怪。同样是当母亲的,如果我自己的孩子在学校晕倒,肯定是非常着急的,并且想第一时间就能赶去现场或者至少要了解具体的情况。于是我又找到了曾某姐姐的电话并与之联系,在与曾某姐姐的电话沟通中才得知,原来曾某在小学时便被确认为糖尿病,因此已经注射胰岛素多年,且时间久了熟练之后都是自己用针管进行注射。而注射胰岛素的副作用就是会令人发胖,这让处在青春期的曾某觉得很自卑,于是便想方设法在饮食上进行控制,但这样又会使得自己在清晨时血糖偏低,不利于治病。所以原先中学时期曾某住在家里,其母亲及姐姐都是严令禁止其减肥的。而现在曾某在学校住,脱离了家里人的监管,于是便出现了开头那幕。

为了不让老师及其他同学知道她的这个隐疾(曾某个人认为得了糖尿病这种疾病是一件非常没有面子的事情,会给她带去很不好的影响),因此她在中学及上大学后都是隐瞒这个既往病史的。与曾某姐姐通完电话之后,我便向校医反映了这个情况,而此时正好马医生过来巡查,看到曾某发出打呼噜声。马医生非常有经验,一检查就说曾某不是在睡觉,而是陷入昏迷了,要马上叫120送医院。我立即向系部王书记汇报情况,并通知其姐姐,让她以最快的速度赶至下沙,并跟随救护车至东方医院急救中心。经过一下午的紧急治疗,曾某抢救及时,逐渐恢复意识。救治的医生表示若再不及时送至医院,后果不堪设想。昏迷过久会直接导致脑部缺氧,最严重的后果是变成植物人。

这次突发事件,我现在回想起来还是觉得非常可怕,幸亏当时及时将曾某送医了,幸亏当时及时跟其家人联系并深入了解曾某的病史了,才能换来如今学生的平安。在此事件后,我也有意识地对学生的既往病史进行了一些了解,以免出现类似的情况。

二、案例二

王某,男,浙江海宁人。性格内向,不善言辞,但平时各方面表现良好,遵守校纪校规。大二下学期某段时间突然经常迟到,还有几次没有请假就旷课。而在这之前我是掌握了一些情况的,王某的父亲在几个月前因癌症过世,在这种特殊时期他都严格按照请假手续办理丧假。突然出现这些违纪违规的行为,必然有特殊原因。于是我便进行了电话家访,当时家中接电话的人为王某姐夫,在与其沟通中慢慢了解了一些王某家庭的内幕。

原来王某的父亲在生前有一个较大的企业,但由于突发疾病去世,没有及时交代企业经营的后续之事。王某姐姐年长王某13岁,已经成家立业,再加上王某母亲在家中不管事,考虑到王某还在读大学,所以其姐姐及姐夫就辞去了原先的工作,代为管理家族企业的事务。王某姐夫认为,正是因为这样的举措,使得王某觉得姐姐、姐夫抢走了原本属于他的东西,于是与他们有了隔阂。可能正是由于这些家务事,导致王某最近一段时间心神不宁,在学校里也情绪不佳,做出了一些反常的举动。

考虑到姐夫毕竟不是最亲的人,我又要来了王某姐姐的电话。而在与其姐姐的电话沟通中,又深入了解了一些细节。原来王某与其姐年龄差距较大,平时沟通也并不多,其姐姐多年前已经结婚组建了小家庭,所以本身姐弟俩也并不怎么来往。而这次父亲去世突然,家族企业也需人打理,所以他们才接手了企业。而王某父亲虽没有留下遗嘱将企业给谁,但生前在家里及一些公开场合都表示过要将企业留给王某,所以这就导致王某主观认为这个家族企业就是应该归他的,而姐姐现在插手管理就是来抢他的东西,所以出现了不满情绪,导致无心上课,才出现了迟到、旷课等违纪违规行为。

通过电话家访,对事情来龙去脉有了一定了解之后,我找了王某谈话。当然清官难断家务事,我没有直截了当地问其是否存在家庭纠纷,而是从大二下学期重中之重的工作——"订单班"的角度出发与其交流就业的想法,为他解读我院最新的一些就业政策,例如杭联订单班特招海宁籍男生,以及一些行业、企业订单班指定要的男生等,从而旁敲侧击了解其对就业的看法。当了解到王某本人其实也想通过自己的能力进入订单班证明自己之后,我也积极建议他在学校期间,以及今后的就业中先积累一定的工作经验,然后再为家族企业出力。

王某慢慢打开了心扉,也愿意说出其真实的想法。旷课等行为是因为自己心情不好,去外校找女朋友,没有及时返校引起的。而对姐姐、姐夫的埋怨也是因为他们事先没有跟王某打招呼或是商量一下,直接就辞职进企业代为打理家族事业。王某表示其实也没什么大不了,只是他的自尊心作祟而已。

通过两三次的谈心,王某跟姐姐的关系也慢慢融洽了。另外,通过自己的努力,他被金桥订单班录取,成了银联学院的一员。而王某姐姐也成了我的微信好友,经常在微信中跟我交流,了解自己弟弟的一些最新动态。

三、案例三

徐某,男,江苏徐州人。原为系学生会体育部副部长,因多次早自习迟到以及旷课而领取了白卡,在班级中产生较差影响。为此我多次找该生谈话,但效果不佳;给予班级警告处分,还是不见效。我便进行电话家访,想通过其家长来做做思想工作。但通过原先留的联系方式均未能联系上徐某家长。学生报忧不报喜的事情我一般都会联系其父亲,可是问徐某要其父电话时,他总是支支吾吾不肯说。一会说自己记不住,一会又说自己父亲是在外地工作的,经常换电话号码,自己也不知道他在用哪个。这又引起了我的怀疑,一个健全家庭的孩子肯定能记住自己父母的联系方式,这里肯定有问题。继续追问下去,徐某说道,自己不肯说父亲的电话是有原因的,他的父母感情不好,他不想因为自己的事情让父母更加担心,使父母之间产生更多问题。

由于我的一再坚持,最后不得已,徐某报了一个电话号码给我,说是自己母亲的联系方式。我当着他的面把电话拨通了,没想到接起来的声音是一个男的,一问原来就是徐某父亲。没想到徐某自己心虚,阴差阳错居然还是报出了自己父亲的电话。

而在跟其父亲的交谈中,我知道了徐某撒谎的原因。原来徐某的家教是非常严厉的,特别是徐某父亲从小对徐某的期望特别高,一直是严加管教。到了大学之后,由于距离远,徐某父亲不能再像以往那样管教,虽然很想知道儿子在学校的表现,但徐某基本不跟自己的父亲交流这些事情,怕父亲的期望变成失望。所以听到儿子在学校有这样的表现时,徐某父亲非常惊讶,他一直认为自己儿子是个十分乖巧且懂事的孩子,对其违纪违规行为十分不解。

在进一步的交流中,徐某父亲说,最近一段时间徐某生活费要得比较频繁,便问我在学校一个月一般需要花多少钱。我们了解到徐某的生活费远远高于其他同学，在追问下徐某道出了原因：自己谈了女朋友，开销增加，又不敢一下子问父亲要太多生活费，于是找了多份兼职而影响了正常上课。如果老师找到自己的父亲并告知学校里的这些情况，肯定会受到父亲的严厉批评，还怕断了固定生活费来源。徐某这样的解释真让人哭笑不得，为了不让班主任给其父打电话，居然还能编出父母不和这么离谱的谎言。

其父对于班主任能来电告知儿子在学校的近况表示非常感谢，也表示接下来会跟自己的儿子好好沟通。而经过班主任、家长与学生本人的三方电话对话，徐某也认识到了自身的错误，体会到父母的不容易，愿意接受班级相应的处分，并表示在后续的学习中会逐步改善。截至目前，徐某也按照其承诺书所写，能做到遵守校纪校规。

四、案例启示

上述三个案例只是上百个电话家访中的几个小片段，电话家访中碰到的学生家长也形形色色。与这些操着全国各地、东南西北方言的家长们沟通，极大地锻炼了我的听力跟语言理解能力，但更重要的是——电话家访这个工作架起了家校共管的桥梁。学生的教育光靠学校的管理肯定是不够的，自以为成年、已经能够独当一面的学生在老师、家长眼中也永远都是个孩子，何况这些孩子在某些事情的处理方面显得那么幼稚。

学生分类型，家长也分类型。上述三个案例中的家长都是非常配合老师的，因此我们做起工作来也非常顺利。但碰到对孩子放任型的家长以及无所谓型的家长，这时候就非常考验班主任的沟通能力、交流能力了。有些家长认为孩子送到学校来了，就是要让老师来教育的，如果碰到孩子出问题了就是学校没教育好；还有个家长说自己在家中没权力，孩子从来都不听他的话。对于这些家长，我们班主任也要在后期的工作中加强沟通，才能应对自如。

（注：本文系 2014 年学校学生工作案例一等奖。）

【案例评析】

班主任电话家访工作缘于 2010 年年底的一起学生突发事件。当时我还有一个比较好的习惯，就是每天晚上看《新闻联播》。突然，经营管理系的老师打来电话，说是一学生突发脑溢血，送到东方医院，东方医院的医生明确说该生头部出血，必须马上找出出血点并做手术，否则必死无疑，但该医院无相应设备，无法做手术；同时也告诉系里老师，如果转院到市区，路上随时有生命危险，请学校尽快做出决定。接到电话后，我告诉对方手机保持畅通，我马上打给他。然后关掉电视，冷静了一下，理清思路，大约半分钟吧，打回去告诉对方，请即刻与该生父母联系，请其尽快做出决定,一切通话电话录音。按照该生父母的意见,转院至邵逸夫医院。完善做手术时有涉及医生的告知,如果不做手术,该生在等死;做手术,随时可能下不了手术台,请做出决定并签字。在与该生父母通过电话并录音后完成了手术。因为通讯的畅通,我们妥善处置了一起学校没有任何管理责任的突发事件。

事后,我在思考时认为,学校应该开展班主任电话家访工作。一是在学生工作中确实存在这样一种情况,那就是学生发生了突发事件,虽然事件本身是一件偶发的、学校没有责任的事件,但是如果我们处置不当便有了管理上的责任。电话家访可以有效处置或者化解类似的突发事件。二是可以积极开展家校共同育人工作。学校积极加强与学生家长的沟通联系,相互配合对学生进行思想政治教育,逐步形成教育功能互补、教育力量互动的学校、家庭相结合的工作格局。该想法得到了学校的支持,学校每月都会为每位班主任购买电话卡。在电话家访过程中,我们希望:在充分了解学生在校表现及学生个性特点的基础上,本着有利于学生成长成才,有利于家庭和睦和谐,有利于学校教育的原则,班主任应在每个学期与所带班级每一位学生家长做一次"电话家访"。当然,活动也视具体情况而定。如对于毕业班班主任,尤其强调了在详细了解每一位学生实习、就业、学业情况的同时,与就业有困难、毕业有困难或实习期间有异常现象等的重点学生做一次"电话家访"。同时,期望所有班主任在电话家访中应做到:"一声亲切问候,一段自我介绍,一次生情沟通,一句真情感谢。"

在与应烟山老师交谈中,我了解到应老师在与家长的交流中充分肯定了学生的优点及在校表现,绝大多数学生父母非常高兴,部分学生获知后也为老师对自己的了解和表扬表示了衷心的感谢,并进一步调动了这些学生学习、工作的积极性。当然,客观而言,班主任电话家访工作也增加了老师们的工作量,班主任也为此付出了辛勤的劳动。恰如程淑华所言,每个学期上百个电话家访,既会遇到语言不通的情况,也会遇到部分对孩子放任型的家长、无所谓型的家长以及认为到了学校就是老师来教育学生的家长。这时候不仅仅是增加了班主任的工作量,而且也非常考验班主任的能力。当然,也有部分班主任老师,因方言问题,在确实无法有效沟通的情况下,采取了发短信、微信等方式进行交流,毕竟文字还是通用的。我认为,如果可能,最好还是像程淑华老师一样电话交流,因为语言沟通的便捷性、情感性还是好过文字的。程淑华所述的三个案例,第一个案例是学生突发事件的处理,真实的事件,有效地处置,有感而写,感人至深。第二和第三个案例是学生违纪表现的处理,这其中包含了有效的思想工作。当然,第三个案例没有交代时间,按照学校要求每个学期都要开展电话家访的哟,也就是说如果是第一学期没有家长准确的电话还基本可以说得过去,如果是后几个学期就不符合学校的规定了。

最后,还是要感谢程老师分享的电话家访的案例。

案例 14　班主任工作重在用心、诚在专心、贵在恒心

——记在担任班主任工作的成长道路上

金融系　李宏伟

进入学校工作已经是第 11 个年头了，在这 11 年里，我先后担任了四届班主任，先是 2005 级的市场营销专业，然后是 2011 届农行订单班和 2012 届邮政订单班。目前担任 2014 级金融管理与实务专业两个班的班主任。在工作过程中，我清楚地认识到，班主任工作也应与时俱进。当前学校招收的学生，与我之前担任班主任时，无论是分数、生源地还是其他情况都已经不可同日而语。针对新的情况和变化，我在思想上进行了一次革新，用新的思维和理念对待这份既熟悉又陌生的工作。一年的班主任工作，不仅让我重新认识了这份工作，同时，我认真进行反思，结合学生工作中遇到的一些问题，在对典型案例分析、点评的基础上进行经验总结，这不仅是记录学生成长和提升的过程，也是自身得以成长和提升的过程。

一、要对学生进行分类引导

2014 级金融 2014(1)班和(2)班的学生主要来自浙江省内各地和其他省份。由于经济发展、文化差异以及认识的不同，学生在思想观念、价值观念也会呈现差异性，突出表现在学生对于大学的认识、在大学期间的规划以及对自己的职业定位上。班主任通过学生报到前与家长和学生本人的沟通，对学生的家庭情况和基本信息有了初步的了解。学生报到后，要求学生能结合自身的实际情况对自己的大学生涯进行初步规划。随后，班主任用 1—2 个月的时间与学生进行一对一的交流，除进一步了解学生的具体情况外，还结合学校开展的"电话家访"活动与家长进行沟通，帮助学生明确自己大学三年的学习目标，基本可以将学生的努力方向分为三类：一是进入订单班级学习；二是进入本科院校深造；三是毕业后即能工作。在后续的班级管理中，班主任结合学生的规划目标对学生进行有针对性的引导，并结合出现的新情况、新变化也能适时与家长取得联系，家校联动做好学生的思想工作，从目前的运行情况看，绝大部分学生都能按照既定的目标有序进行，取得了不错的成效。

工作感想：能够进入银领学院订单班学习是学生顺利就业和优质就业的重要保证，对于以此为目标的学生要引导其早做准备，提早规划。但是，作为班主任必须认识到，随着就业形势的日渐严峻，以及金融行业面临的新情况、新变化，进入订单班只是学生在成长过程中引导的一个基本手段，而不是唯一手段。每个学生都

有自己的人生规划,因此,班主任在加强班级管理的同时,更多应加强对学生的引导。但是,在这一过程中也应让学生认识到,不是不进订单班就不需要练习技能,技能是我院的一个传统特色,与学生的学业和评优评比直接挂钩,因此,要督促学生正确认识和勤加练习。

二、要对学生加强感恩教育

感恩是一种处世哲学,也是生活中的一大智慧。其不仅是作为一名社会人应该具备的道德素质,也是做人起码的修养,更是一名大学生必备的基本道德素质。但是,由于家庭缺少相关教育,以及社会转型期各种负面因素影响使得一些大学生的感恩意识淡薄甚至缺失。家长的呵护、教师的关心和谆谆教导被学生看成是理所应当的事情,学生逐渐形成了权利意识强烈而义务感和责任感淡薄的现象,这也是学生缺乏学习的主动性和做事积极性的主要内因。从班级管理中的两三件事就能从侧面反映这一问题,如在军训当天班上一位学生在操场晕倒,班主任迅速与其家长联系,由于另有安排,家长无法当天到达,班主任将学生送入医院后,帮其挂号、垫资,通宵陪其留院观察,却没有得到任何一句感谢的话。又如一位学生在上体育课的过程中意外摔倒,胳膊骨折,中指筋脉断裂,班主任连夜带其辗转市区三四家医院,最终找到能够治疗该病症的医院,随后还赶往火车站接其母亲,安排好住宿和第二天治疗等相关事宜,在此过程中也没有得到任何一句感谢的话。这些仅是特殊的案例,还有一些小事就不一一列举。加强学生的感恩教育已然刻不容缓,因为感恩不仅有助于学生提高自身修养,变得更有责任感,还能使学生远离不良习惯,告别懒散,更加努力地学习,做好一名学生的本分。

工作感想:2014级专业学生都是90后,他们所接触和感受到的很多是经济社会中的个人存在价值,对"知恩图报"的中华传统美德缺乏足够的认识,多表现为以自我为中心的行为倾向,把他人对自己的关心和帮助看成是理所应当的事情。这就要求无论在思政课程,还是在学生的管理工作中都应加强对学生的感恩教育,提升他们的感恩意识,增强自身的责任感。但是,我们必须认识到,学生思想观念的认识和行为方式的形成是近20年养成的习惯,仅靠大学三年的时间无法完全改变。因此,这就需要身边的人对其影响和引导,希望学生能逐步认识到这一点,在为人处事方面,能增强感恩意识,常怀感恩之心,践行感恩行动,无论是在学习、生活还是在今后的工作中都能赢得他人的信任和尊重。

三、要能进行适当鼓励和褒扬

班主任作为学校中全面负责班级学生思想、学习和生活等工作的教师,不仅是班级工作的组织者,也是领导者和教育者,是大学生思想政治教育的骨干力量之一。调研数据显示，对自己缺乏了解，缺乏克服困难的决心，以及对自身能力缺乏自信，是目前大学生普遍存在的问题。因此，班主任一项重要的任务就是要让学生能够正确认识自己，增强自信。大学作为大学生世界观、人生观和价值观形成的关键时期。同时，这也是一个允许大学生犯错，也一定会出错的阶段。犯了错误后，应如何面对？班主任应在引导学生认识自己错误的同时，还能找到学生的闪光点，多给学生一些鼓励和褒扬，以此代替一味地苛责，让学生走出行为规范难遵守的困惑，能清醒认识自己，增强自信心。班级不乏这样的案例，如有的学生专业课程成绩很好，但是技能成绩却很差，班主任结合其大学生涯规划，鼓励其在保持现有学习状态前提下，抽出时间强化技能练习，虚心请教老师，力争做到均衡发展；如有的学生忙于学生会和协会等的工作，一味提升能力，却忽视了专业课程的学习，班主任鼓励其在发挥自身能力优势的同时，还要能安心学习，做好学生的本分；如有的学生对待班级管理事务尽心尽力，但是却跟室友无法友好相处，班主任帮其分析原因，既要看到自身的优势，也要看到存在的问题和不足，积极改正；等等。

工作感想：每个人都需要鼓励，鼓励能给人带来自信，能够让人在困难面前，不畏艰险，迈步前行。处于青春期的大学生，由于身心的急剧变化和自我意识的强烈觉醒，有强烈的自我意识，但是由于身心发展的不成熟使其容易采用激烈的情绪对抗来表达他们的叛逆。这就要求班主任能正确看待大学生的叛逆心理，在处理方式上，宜疏不宜堵。对待学生的犯错不能一味苛责，应该适当指出其存在的问题和不足，提出希望并加以引导，要让学生正确认识自我，找到身上的闪光点，然后及时给予鼓励和褒扬，消除其叛逆心理。这就需要班主任要有足够的爱心和耐心，做学生人生的引路人和铺路石。

四、应给予学生机会和帮助

在与学生交流的过程中，会有这样一种感觉，很多学生进入大学后感觉很迷茫，主要表现为没有目标，不知所措，曾尝试着改变却又感到无力，想前进却又踟蹰，想后退却又不甘心。造成这种现象主要有以下两个原因：一是高考前很多学生只有一个目标就是考上大学，很少有对考上大学后的思考和规划，造成目标感丧失，缺乏学习动力；二是大学主要靠学生的自主学习，环境相对宽松，缺少家长和老师的监督，学生不知所措。这就要求大学生要学会与不同的人进行交往，要学会独立自主的学习方法，要能积极参与各种活动，要会规划自己的人生等。但是这些对大部分学生来说是陌生的，难免使其感觉茫然而不知所措，产生恋家的情绪和失落感，陷入困惑中。大学生需要锻炼，包括人际交往、自主学习、展现能力和人生规划等，除要求学生能自我把握机会外，学校也应力所能及地为其提供相应的机会和帮助，如班级管理、系学生会、院学生会和学生社团等展示自我才华的平台。当然，作为班主任不仅要在学生的学习和能力上提供机会和帮助,还应在生活方面,尤其是应给予家境贫困或者有特殊情况的学生一定的帮助,解决学生的后顾之忧,使其能全身心地投入学业中去,去适应大学生活,提高学习成绩,增强职业技能,认真规划人生。

工作感想:学生工作不仅需要用心,还需要诚心。班上有两位同学,家里有难言之隐,家境比较贫困,但是由于情况特殊,无法开出相应的贫困证明。系部熊秀兰书记知晓后,经多方协调,解决了两位同学的困难补助问题,使其能安心学习,其成绩名列前茅。班上有一位休学复学同学,学习态度比较散漫,一直无法专心投入学习,系部钱利安副书记多次找其谈心,帮助其树立信心,使其认真对待学习;金融2014(1)班和(2)班共有学生112人,是系部人数最多的班级,也是情况比较复杂的班级,班主任工作得以顺利开展,离不开系部领导和辅导员老师的辛勤付出,在此向熊秀兰书记、钱利安副书记、潘思祺、苏浩和石书敏五位老师致以深深的谢意。同时,也让我深刻感受到,作为一名班主任,不是一个人在战斗,有系部在默默支持我的工作,在此也向所有支持班主任工作的各位领导、老师致以深深的谢意。

五、重点加强学生危机教育

随着我国高校招生规模的不断扩大,在校大学生和毕业生人数逐年增加,但是就业岗位却在不断减少。而且随着国家经济结构的不断调整,单位对人才的要求也越来越高,大学生尤其是高职院校学生面临日益严峻的就业形势。高职教育是以就业为导向的高等教育,学校不仅在教学中设置了与就业相关的课程,同时还定期开展与就业相关的讲座,加强对学生的就业教育。但是,由于学生进入大学后,丰富多彩与宽松舒适的校园氛围使学生沉浸在社团组织或其他活动中,过分注重培养自己的兴趣、爱好和特长,在学习方面却敷衍塞责,对未来的就业更是缺乏远见,缺少危机感,要居安思危,早做打算。但是,我们必须认识到,出现这一现象,并不是学校不重视就业工作,也不是班主任没有提醒,主要原因在于学生的思想认识,学生对就业没有紧迫感,缺少相关经历,没有切身的感受,对于就业还停留在学校和老师的说教,停留在字面的理解,无法真正感受当前严峻的就业形势。因此,强烈建议学校适时安排学生去就业现场真实地感受和体会,加强学生的危机教育。

工作感受:作为一名担任过两届订单班班主任的老师,对当前的就业形势有较为清醒的认识,即使是订单班也未必就是"保单",随时有可能面临被淘汰的风险。因此,自班上学生入学,班主任就通过多种渠道和方式向学生强调就业理念,督促学生早做准备,同时,还适时邀请毕业生返校与学生进行交流,让学生了解当前单位对人才的要求,并结合一年一度的订单班招聘面试,让学生到现场体验就业形势的严峻,随后邀请进入订单班的学生与毕业生进行交流,探讨面试技巧等。但是,结果并没有达到预期效果,学生对此安排并没有感受到班主任的用心良苦,学生主要有以下两种想法:一是目前就业离自己还比较遥远;二是这种交流在原本就较多的学校活动中增加其学业负担。对此,一位班主任助理这样感叹,学生之所以对就业问题如此漠视,是因为他们还没有经历,等亲身经历时就能体会到老师的用心。我又何尝不想说,真正到经历时,已经为时晚矣。

经历近一年的班主任工作,我对这份工作有了更深的认识和理解。这其中遇到了很多问题,既有共性的也有个别的。希望在今后的工作中能多一分思考,解决难题;少一分抱怨,坦然面对。因为,在工作的过程中,不仅学生在成长,作为班主任的我们也在成长。以此点滴记录,记在担任班主任工作的成长道路上。

(注:本文系 2015 年学校学生工作案例一等奖。)

【案例评析】

李老师对教育教学工作的认真、投入,对学生的关心、关爱,我早有了解。再次看到李老师当好班主任工作的用心、专心、恒心,颇为赞同。案例中,李老师通过工作中的具体事例有感而发,颇具针对性。高等职业教育以就业为导向。李老师在学生入学即进行调研,将学生分为进入订单班级学习、进入本科院校深造、毕业后即能工作三个类型开展教育引导工作,增强了工作的针对性,既在一定程度上解决了大一学生没有目标的迷茫,也强调了不论是否进入订单班均需练习技能,澄清了学生不进入订单班就不需要练技能这一错误的认识,的确是一名用心、专心、恒心的班主任。孔子就提出了"因材施教"的教育思想。通过案例,我们可以看到"因材施教"的教育思想已经渗透在李老师的工作中。入学即进行调研是因材施教;引导学生认识自己的错误,找到学生的闪光点,是因材施教;教育忙于社会工作却忽视专业学习的学生是因材施教;帮助学生与室友相处,也是因材施教。孔子有弟子三千,贤者七十二。相信在李老师因材施教的理念下,李老师这一届的112 名弟子中也应有贤者出。一般而言,我们开展工作的程序是发现问题、分析问题、理清思路、寻找载体、解决问题。李老师对于学生的感恩教育、就业的危机意识教育大体上也是按照这个程序进行的。但是我们应该有一个基本的共识,就是没有一个办法或者载体能够解决所有人的所有问题或者所有人共性的问题。李老师指出的感恩教育,以及为了加强学生的就业危机意识教育寻找的载体也会遵循这个规律的。看得出,李老师为此有些小焦虑,这种焦虑恰是他高度的责任感所在。需要与李老师交流的是,在工作中必然会存在这样一种情况,那就是一些问题要反复抓、抓反复,重点抓、抓重点。

案例 15　擎起指尖上的舞者

——记省十佳大学生鲁梦琴

会计系　王珠珠

评奖评优工作是一项涉及学生切身利益的重要工作,不仅可以为优秀个人搭建成长成才的良好平台,还能成为激励先进、引领良好风尚的有效手段。千里马诚然可贵,但伯乐亦不可或缺。优秀的个人,更需要平台的支撑。下面的案例,介绍了会计系如何做好评奖评优工作,为优秀学生放飞梦想插上翅膀的故事。

一、案例简介

(一)个人基本资料

鲁梦琴,女,汉族,1994年1月生,浙江绍兴人,浙江金融职业学院2013级会计专业学生,会计系学生会副主席。高中时获得全国职业院校会计技能大赛二等奖,成为技能特招生。入学后,由于突出的技能水平,她成为会计系"金手指"工程点钞组队长。后来进入恒丰银行杭州分行订单班。

一直以来,由于出色的个人技能表现,鲁梦琴是我系争先创优的一个典型。进校后,通过自己的努力,她在技能上不断取得优异成绩。为培树典型,带动形成争先创优的良好氛围,我系通过评奖评优这个平台,力推鲁梦琴参与各类评优评奖。从系十佳"技能之星",到院十佳"技能之星",最后到省十佳大学生,在她本人的不懈努力下,在学校领导、系领导的高度重视下,在全体师生的共同帮助和支持下,我们擎起了这位"指尖上的舞者"——大学两年多时间,鲁梦琴同学先后获得了2015年度国家奖学金特别评审奖和第四届浙江省十佳大学生称号等重大荣誉,并获得了多项国家级、省级会计职业技能大赛大奖、校一等奖学金等50多项荣誉,以及在全国大学生银行综合柜台业务大赛中荣获个人一等奖的佳绩。

(二)个人成长过程

1.明确挑选标准——"德、行、智三位一体"

立德树人,德育为先。在学校的明理教育中,鲁梦琴同学通过自己微薄的力量,在践行着明德、亲民、止于至善的大学之道。鼓励感恩教育,引导学生奉献反哺。国家奖学金是学生极为重视的荣誉,奖金也颇为丰厚。鲁梦琴同学拿到国家奖学金后,主动提出要将获得的国家奖学金的一部分捐献给系部,作为爱心基金,留给有需要的同学。同时,在为老师敬杯茶的活动中她也身体力行;此外,还参加多项学生工作,担任辅导员助理和金手指点钞队组长,为同学服务,在奉献中提升自己的品德。

提高行业技能,练就过硬本领。两年多的时间里,鲁梦琴同学通过努力,在技能水平上突飞猛进,并在院系大大小小的比赛中屡屡获奖。她代表学校,参加了多项省赛、国赛,取得多项荣誉。她是我们学校当之无愧的金手指。

积累专业知识,打下坚实基础。鲁梦琴同学不仅在技能和学生工作、社会服务中践行着奉献精神,在专业知识的学习和储备上,也勤奋认真。两年多时间里,一共获得两次一等奖学金、两次国家奖学金,综合测评在班级一直名列前茅,并在专业类的比赛中屡创佳绩。

2.提供各类平台,助推学生成长成才

重视各班级技能练习,提升整体技能水平。鲁梦琴所在的班级为三校生班级,学生初入大学就有一定的技能底子和水平。为了提升整体的技能水平,会计135班在系部的要求、班委和技能尖子的倡议下,每周定期开展"5 动指尖"的班级技能竞赛活动,来提升技能水平。此外,系部早晚自习都定期开展技能练习,由班主任和辅导员早晚自习深入班级进行引导监督。

搭建系部选拔平台,践行披沙拣金校训。本着公平、公正、公开的原则,会计系开展了系十佳大学生评选活动。鲁梦琴同学凭借良好的综合素质、突出的技能入选技能之星,并进入系部"金手指工程",成为点钞队队长,在系部的技能擂台赛上也表现优异。

依托学校竞赛平台,助推学生成长成才。鲁梦琴通过院系技能尖子班培养,在众诚杯、金钞杯的比赛挑选中脱颖而出,屡次获奖,这为她入选院"院十佳大学生"——技能之星奠定了基础。

抓住校外评选平台,提升品牌知名度。鲁梦琴同学曾多次抓住"全国高职院校财务决策大赛""全国大学生财会信息化大赛""浙江省高职院校会计技能赛团体"等竞赛平台,并获得了一、二等奖的好成绩。在学校领导、系领导的高度重视下,在全体师生的共同帮助和支持下,凭借着这些优异的技能成绩,在重重考验后,她顺利入选"省十佳大学生"。

提供服务平台,榜样引领共同进步。鲁梦琴同学认为自己能有现在的成绩,跟学校领导老师和同学的关心密不可分,借助院系提供的一些服务平台,她也积极地发挥着正能量,以此引领更多同学共同进步。她积极参加社会实践,分别在安吉职教中心、德清职教中心、长兴技师学院、湖州职业中专进行技能训练的教学示范,也在系部的学长讲堂等平台与学弟学妹交流心得体会。

3.身边的榜样,前行的力量

通过感恩奉献行为,传递正能量。首先,担任学生工作。鲁梦琴同学是会计系辅导员助理:课余时间,通过学生工作,为同学做力所能及的工作。她还是金手指点钞队组长:在"金手指"工程的培养下,主动担任金手指点钞队队长,教授同学技能练习的手法;拍摄技能练习示范视频,长久地保存并随时供大家参考。其次,开展经验交流。在本系,通过学长讲堂,交流关于技能练习的一些经验启示。在外系,交流专业竞赛相关的心得体会。在校外,去安吉职教中心、德清职教中心、长兴技师学院、湖州职业中专进行技能训练的教学示范。再次,浙江电视台、浙江教育报、新浪网、绍兴晚报、德清职教中心网站、浙江金融职业学院网站、会计系网站、金院微信平台等多家媒体、网络对鲁梦琴同学的相关事迹进行了宣传报道。最后,社会实践。她曾在北京用友软件公司、恒丰银行绍兴支行实习——目标不止,以感恩之心回报学校和社会。

通过媒体宣传拓展,传递正能量。《绍兴晚报》头版新闻报道了鲁梦琴同学获省十佳大学生。安吉职教中心网站称鲁梦琴同学为专业里面的"翰林提"。《浙江教育报》报道了鲁梦琴同学坚持不懈、练就金手指的事迹。中国高校之窗报道了鲁梦琴同学的学习事迹交流会。系网、院网都相继报道了鲁梦琴同学获得"省十佳大学生"的喜讯。

通过技能指导帮扶,传递正能量。发挥优秀典型的模范作用,帮扶团队同学共同进步。鲁梦琴时常帮助纠正金手指班的其他成员点钞练习中的错误指法,还在寝室里带动同学练习技能。

二、案例启示

评奖评优工作看来光鲜,实则在背后凝聚了学生工作者大量的精力和付出,包含了大量耐心细致的日常工作。不管是典型个案的助推过程,还是普惠大多数学生的评奖推优工作,都要经历细致的申报、推优、公示、评选、表彰等各个环节。作为这些工作的亲身经历者,我在日常工作的基础上进行了一些思考,初步总结了"一、二、三、四、五"五点方法和启示,现归纳如下:

(一)熟悉"一"套流程

评奖评优是项常规性的工作。在以往评选经验的基础上,学生处特地根据每年评选流程的新变化,下发了《浙江金融职业学院学生评奖评优工作操作简程(新)》PPT,里面以月份为主轴,以奖项为模块,通过28张PPT的仔细介绍,对每一项评奖评优的时间节点、具体要求等都做了相应的指导。只有熟悉了这套流程,才能清楚掌握和跟进每项评奖评优工作的相关情况,以便更好地在学生中慧眼识精英,发现一些符合条件、表现优异的"千里马"。鲁梦琴同学就是在第一学年进行获奖统计的过程中,被发现在短短的一年多时间里,获得了大大小小的荣誉50多项,并且在奖学金、三好学生、系十佳大学生等评比中脱颖而出,因此被列入了下一步的评优典型。

（二）研究"二"本教材

《学生手册》和《会计系学生综合测评实施细则》是评奖评优工作的两部"教材"。《学生手册》是学生查看评奖评优依据的主要"教材"。为了引导学生阅读《学生手册》，了解自己的各项权利和义务，学校专门为新生组织了《学生手册》相关知识的考试。此外，会计系对评奖评优工作团队严格要求，要求每名成员认真研习掌握手册中各项评奖评优的程序、条件、奖励等，确保将工作做实做细。

针对《学生手册》上需系部进一步明确和补充的部分，会计系特地制订了《浙江金融职业学院会计系学生综合测评实施细则》（以下简称《实施细则》），形成了比较固定的一整套制度，进一步明确了各项具体事项。将《实施细则》于每学年9月份以寝室为单位下发给学生学习掌握，保障了学生的知情权，确保了阳光作业、公开透明。鲁梦琴同学曾表示，系部的《实施细则》非常细致具体，在参加国家奖学金、省十佳大学生等的评比中，她很快就计算出了自己历次荣誉的累计综合测评德育得分，非常方便。

（三）抓牢"三"支队伍

抓牢"三"支队伍是指抓住班主任、奖助贷、班委这三支队伍。评奖评优工作项目繁多，涉及的学生众多，每一项的标准也不尽相同。单就奖学金的综合测评而言，就需要我们投入大量的人力和精力。班主任对本班的同学是最了解的，只有很好地跟班主任做好衔接，才能将本班的真实数据和学生的日常表现如实反映到评奖工作中去。在鲁梦琴同学的成长过程中，班主任傅红英老师也投入了大量的精力，通过系部的《千日成长工程记录表》就能很好地反映出她对班级同学的了解和关心。此外，奖助贷部门的学生干部也定期组织学习制度、探讨问题，很好地起到了学生和老师之间的一个桥梁纽带作用。班委在评选过程中，遵循民主、公开、公正原则，接受监督，很好地履行了工作职责。

（四）平衡"四"种关系

平衡"四"种关系是指平衡单个个体多种荣誉奖项之间、班级同学之间、班级与班级之间、不同年级之间的关系。在现实工作中，在鼓励先进的前提下，搞好各个方面的平衡显得颇为重要，从某种程度上也是维护一定学生群体学习积极性的需要。鲁梦琴同学凭借自己优异的学习和技能成绩，获得了诸多荣誉，是一个出彩的"点"；但是，评奖评优是项关乎全系乃至全校学生的"面"上的工作，实际工作中，我们要将制度要求与合理性考虑加以结合，做到"点""面"兼顾，综合考虑其他优秀学生的成长进步。如鲁梦琴同学获得2013—2014年度国家奖学金后，我们在2014—2015年度国家奖学金的评比中就考虑了其他表现优异的两位同学；同时，我们把鲁梦琴推荐为国家奖学金特别评审的候选人,去冲击更高荣誉,达到了两全其美的效果。此外,我们在学风示范班、先进班级、国家励志奖学金、银星奖学金评比过程中也采取了这种做法,达到了较好的激励效果。

(五)形成"五"条经验

评奖评优是一项常规性工作,贵在工作中坚持不断地总结提炼。截至目前,我们系已经形成了五条评奖评优相关经验,分别是:综合测评统计注意事项;奖学金(国家、校内、校外、励志、银星)评比注意事项;班级荣誉类(先进班级、学风示范班)评比注意事项;学生荣誉类(三好学生、优秀班干部、先进个人)评比注意事项;寝室荣誉类(文明、创文明寝室)评比注意事项。

(注:本文系2016年学校学生工作案例一等奖。)

【案例评析】

一个正面的、积极向上的学生典型可以带动一批学生健康成长。公平、公正、公开地发现、选拔出这样的学生典型是各类评奖评优中的重要任务。为了做好学生评奖评优工作,学生处制订了《浙江金融职业学院学生评奖评优工作操作简程(新)》,并且要求负责此项工作的老师要及时听取辅导员、班主任、广大学生的意见和建议,及时准确修订完善,将工作科学化、规范化。当然,再好的制度也需要人来操作。班主任老师、辅导员老师用心细致的工作是选拔出优秀学生的前提条件。本案例中鲁梦琴固然很优秀,但是老师们的发现、关心、培养是帮助其成长的关键一环。在广大师生的共同努力下,鲁梦琴同学获得了浙江省第四届十佳大学生荣誉称号,这也是我院学生第二次获得该荣誉称号。全省百所高校、百万大学生,每两年评选一次,每次通过高校互评、网络投票评选30名优秀大学生入围,再由专家投票,综合高校互评、网络投票、专家投票,最后评选出浙江省十佳大学生。我院先后有两名学生入围前三十强,有两名学生获得该荣誉称号,实属不易。这既是为优秀学生提供的舞台,也是对学生育人工作的肯定。

案例 16 提高警惕，加强教育，让大学生远离传销陷阱

国际商务系 洪 伟

近年来，大学生被骗入传销组织的事件屡见不鲜，新型传销披上了电子商务、金融投资等外衣，其活动愈发隐蔽化、信息化，缺乏相应防范知识的大学生极易落入传销组织。传销对大学生的危害巨大，甚至可能是终身的。加强对学生的反传销教育，刻不容缓。

一、案例缘由

小韦同学是广西人，家庭一向比较贫困。大学三年都是靠生源地贷款坚持完成学业。虽然身处逆境，她总能乐观面对，脸上总是挂着笑容。平时生活很简朴，学习也很刻苦。就是这样的一个女孩，没想到会陷进传销组织。

事情经过是这样的，2016 年过完年以后，作为大三学生，小韦开始找工作，顶岗实习。先后换了几份工作，都感觉不太满意。直到 2016 年 4 月，尚未落实工作的小韦接到了曾某的电话，邀请小韦去北京面试一份工作，顺便到北京旅游。曾某是小韦的广西老乡，高中就认识的好朋友。这个电话，对于正在为工作忙得焦头烂额的小韦来说，简直是及时雨。没有多想，小韦便告知家人，独自一人乘坐火车前往北京。到了北京以后，打电话给曾许诺要来接站的曾某，被告知曾某并不在北京，要求小韦连夜赶往天津指定地点。单纯的小韦觉察出这里面有些问题，但是总觉得相识这么多年，又同是广西老乡，曾某应该不会骗她，于是连夜前往指定地点。

历尽千辛万苦，风尘仆仆赶到以后，却立马被控制，手机被收缴，手提电脑等贵重物品都被收走，小韦同学这才意识到她是被同学骗到传销组织了，开始了一段被传销组织控制的非人经历。在传销组织里，小韦同学每天被迫参加所谓的学习，组织安排专人给他们讲课，教他们如何利用电话、QQ、微信等方式骗取家人、朋友以及网友的钱财。但小韦与家人的联系却受到严格的限制，而且不能告诉家人自己真实的情况、地址等信息。

二、案例处理

小韦同学出发前，跟家人汇报过动向。也正因为如此，在被骗的第二天，她的家人可以及时向班主任讲述异常情况。班主任及时发动小韦的同学、亲人联系小韦。在同学们都联系不上的情况下，班主任向系领导做了汇报，系书记及时联系了学校保卫处，分析了案情，一致认为小韦被骗进传销组织的概率较大。系书记一方

面安排辅导员、班主任及时在全系范围做出预警，防止同学之间出现大面积上当受骗的情况；另一方面，系书记始终跟小韦的家人保持联系，并将事情报告给学校分管领导、学生处、保卫处，并在保卫处的联系下与下沙白杨派出所取得联系。自始至终，教师、系部领导、学校领导都高度重视，指导小韦的家人与传销分子周旋。

由于手机和电脑都被收缴，小韦同学跟家人的联系是受到控制的。传销分子会隔一段时间，在有监视的情况下，让小韦给家人打电话报平安，但是从来不让其透露任何地点信息，以至于她的哥哥到北京寻找她，无果而返。但是因为一直跟家里有断断续续的联系，警方也无法以失踪人口立案。直至小韦同学利用帮助传销分子网购的机会，通过淘宝交易透露出了传销分子窝藏的具体地点。小韦哥哥得到地址后，立即赶往河北沧州，在警方的协助下，成功解救出小韦同学。从4月底被骗进传销组织到6月初被解救，历时40余天。

三、案例启示

由此案例可以看出，传销组织对于学校大学生的渗透和蛊惑是不遗余力的，经常会利用同学、同乡这种更隐蔽的手段去欺骗大学生。他们除了采用常见的推销产品、一夜暴富等欺骗手段之外，还打着职业介绍、招聘兼职等幌子，通过各种方式，不择手段地进行诱惑和欺骗，获取求职心切又缺少经验的大学生的信任。

因此，为了教育学生防范传销组织的渗透，清醒认识传销对社会、对家庭、对个人的危害性，我认为应该做好以下几方面的工作：

一是加强思想道德教育和责任教育。有效预防大学生参与传销，加强思想道德教育是根本。学校应从多渠道、多角度、多方位对大学生进行思想道德教育。专职思政教师要有目的、有针对性地结合课程内容，对大学生进行深层次思想道德教育；而辅导员则要本着关心、爱护的原则，从大学生日常学习、工作和生活着手，及时发现大学生思想品德状况，未雨绸缪，防患于未然。同时，学校还应重视责任教育，帮助大学生确立正确的人生观、价值观，使其明白自身肩负的责任，改变盲目追求安逸生活、好逸恶劳的享乐主义。

二是加强法制教育。法律是道德的底线，从一些大学生参与传销的事例可以看出，一个重要原因就是他们法律意识淡薄，缺乏最基本的法律知识，不懂得用法律来规范自己的行为，也不懂得用合法的手段来维护自己的权利。学校应通过多重途径来启迪学生的法律意识，增强学生的防范意识和自我保护意识，提高学生的道德水平和自律能力，让学生有能力自觉抵制非法传销，筑起坚固的精神防线，揭穿传销分子编造的各种谎言，抵制非法经济利益的诱惑；利用各种生动的形式开展教育工作，结合典型案例制作教育片或宣传手册，结合学校微信公众号加大相关内容的推送力度，让大学生认清传销的本质，建立正确的财富观，以积极健康的心态、正确的人生观和价值观去迎接社会的挑战。

　　三是加强校园安全管理教育。进一步加强校园安全管理,防止传销向校园和大学生渗透。对于学校校园内的讲座、会议、报告以及广告等要严格监察,禁止任何非法组织或个人在校园内进行宣传、诱骗活动。加强对贫困学生从事勤工助学的指导,尽最大可能为贫困学生提供勤工助学的岗位。充分发挥教育管理者的作用,辅导员、班主任要定期组织班级会议,对学生的思想动态和所作所为要有所了解,如发现任何异常情况要及时处理。同时完善学生请假制度,仔细分析学生请假缘由,并与相关人员取得联系,查明真伪,不放过任何虚假理由。发挥班级、社团在教育和联系学生方面的天然优势,引导大学生积极开展自主教育和自我管理,把远离传销的外在要求内化为大学生的自觉行动。

　　四是加强就业指导教育。在当前就业竞争极为激烈的情况下,学校需要加强就业指导与教育,把职业生涯规划落到实处并发挥作用。首先,开展毕业生实习和离校教育。大学生进入实习和就业阶段时,学校要及时开展实习和离校前思想教育,强化大学生社会责任感和艰苦奋斗精神,帮助树立正确的就业观。要求学生选择正规实习单位,认真实践锻炼,努力练就为社会服务的本领。其次,开展毕业生理性求职教育。教育学生在求职过程中,要理性地对待职业需求,要把个人的愿望和要求与国家就业形势结合起来,与社会需要结合起来,与当地政府部门对人才的统筹安排结合起来。勉励学生勇于面对就业压力,以平和的心态对待就业逆境,不气馁,不浮躁,更不能自暴自弃,看不起自己,降低人格进入类似传销的黑色非法行业。最后,开展毕业生预防职业陷阱教育。教育毕业生求职时,尽量通过人才市场、大型招聘会等正规渠道。接到应聘通知时,要通过网络、114电话查询、核实用工单位信息和真实性,并与家人和老师交换意见后才做决定。在应聘过程中,一定要提高警惕,增强防骗意识,多借双慧眼看,多费些口舌问,多长个脑袋想,多设一根弦提防。一旦碰到用人单位工资待遇奇高,对人员使用解答又支吾不清时,就要引起高度警惕,不要被"高待遇,高回报"的谎言骗入陷阱。

　　(注:本文系 2016 年学校学生工作案例一等奖。)

【案例评析】

　　"传销是指组织者发展人员,通过对被发展人员以其直接或者间接发展的人员数量或者业绩为依据计算和给付报酬,或者要求被发展人员以交纳一定费用为条件取得加入资格等方式获得财富的违法行为。"1998 年 4 月 21 日,中国政府发布了《关于禁止传销经营活动的通知》,宣布全面禁止传销。2017 年 8 月,教育部、公安部等四部门印发通知,要求严厉打击、依法取缔传销组织,通知强调,对打着"创业、就业"的幌子,以"招聘""介绍工作"为名,诱骗求职人员参加的各类传销组织,坚决铲除。

　　本案例就是比较典型的以"介绍工作"为名的传销活动。在无法联系到小韦同学的情况下，当时的国际商务系总支副书记洪伟以及辅导员、班主任及时联系并做出了比较准确的判断。小韦同学没有被洗脑，而且机灵地抓住了网购的时机将自己被传销组织控制，以及具体的地址传递出来，为公安部门解救自己、打掉这个传销组织提供了准确的情报。此案例是发生在我们身边的真实的事件，在防范传销组织的渗透，清醒认识传销对社会、对家庭、对个人的危害性上具有典型的教育引导作用。

第四章
浙江省辅导员工作案例大赛部分获奖作品及评析

　　为深入贯彻落实中共中央国务院 16 号文件《关于进一步加强和改进大学生思想政治教育的意见》精神,培育和践行社会主义核心价值观,推动辅导员队伍专业化、职业化建设,2015 年 11 月,由浙江省教育厅主办,浙江大学承办,举办了第七届浙江省高校辅导员工作论坛暨辅导员工作案例大赛。此次辅导员工作案例大赛共收到参赛作品 286 篇,主题涵盖党员教育、就业指导、心理健康、学业帮扶、新生适应、困难资助、寝室矛盾等辅导员工作,共评选出一等奖 10 名,二等奖 30 名,三等奖 50 名。案例以"讲故事、谈理念、说思考"的形式向人们展示了辅导员的工作。辅导员老师通过工作案例,将自己的故事讲给师生听、讲给同仁听、讲给社会听,让大家了解了辅导员工作的特性、重点与难点,了解了辅导员的勤奋敬业和倾心育人,达到了互动交流谈理念、分享成果提素养的目的。

　　12 日上午,颁奖典礼在浙江大学紫金港校区临水报告厅隆重举行。到场的九位一等奖获得者依次做了案例分享。浙江大学学工部部长邬小撑、宁波大学学工部部长周青、浙江金融职业学院学工部部长张鹏超在现场做一对一点评。作为三个点评的学生工作部部长之一,本人认真学习了自己负责点评的三个案例,聆听了其余六个案例,在学习之余,本人钦佩于辅导员老师们的敬业奉献和精彩的工作方法,他们不愧是学生成长的守护者和学生人生道路的指引者。现将本人负责的三个案例及点评词附录如下。

案例1　换个角度,也可以看到彩虹

——民族生入党之路的有效引领作用

杭州师范大学　王　鑫

近年来,新疆少数民族学生进入内地高校的数量有所增加,在这些学生中提出入党申请书的比例也有一定程度的提升,而高校发展学生党员也有十分具体的选拔要求,本案例是针对一例新疆少数民族学生入党培养的案例,取得较好的效果。由此案例进行扩展,可以适用于入党意愿迫切但还暂时不符合入党条件的学生,对于如何调动他们的积极性,引导他们积极向上有更广泛的借鉴意义。

一、案例简介

迪某,2012级学生,维吾尔族,内高班毕业。大三在读学生。迪某大一一进校就递交了入党申请书,入学后因表现优秀,于第一学期被推荐为入党积极分子,但专业成绩一直达不到要求,难以进行进一步培养。但迪某仍然对入党保持高度热情,入党意愿强烈,她多次主动找支部书记谈话,并认真撰写、及时提交思想汇报。基于此,学院党委经过讨论,认为迪某综合表现优秀,但文化课基础不够扎实,上了大学之后课程难度增加,造成学习困难。为了加强对迪某的培养,学院党委和支部共同为迪某制订了培养计划。通过组织的培养与帮助,迪某终于成功被确定为发展对象。

二、案例分析处理

(一)案例背景

迪某出生于新疆阿克苏地区,从小到大一直都是班委干部,学习成绩良好,与老师关系较好,非常尊敬师长,父亲是当地公务员,中共党员,因病去世,由母亲带着她和姐姐生活。父亲给她的影响非常大,有了师长和父亲的影响,她入党意愿非常强烈。

(二)问题的关键点

根据我院2015年之前的《学生党员发展细则》规定,学生列为发展对象的条件中包含成绩要求,要求学生智育成绩必须达到班级前30%,大三大四可以放宽到前50%。该同学作为少数民族学生,专业学习有困难,不能达到成绩要求。

由于民族文化等原因,该生平常和班里其他同学之间的联系较少,虽然积极参加学校和学院活动,但是群众基础并不是很好,在班级推优中不占优势。

该生要求入党更多的是受家人影响,虽然入党意愿强烈,但入党动机仍需要帮助她不断端正。

(三)解决思路

根据迪某的实际情况,学院党委决定对其进行"扬长避短,以长促短"的培养,即充分发挥她的优势,让优势扩大,增强自信,提升综合素质,再以专业老师、教务、学工等各部门的合力补进她的劣势,最终达到综合素质提升的同时又符合党员发展要求的目标。

(四)实施办法

1.不断端正入党动机

迪某对于学院工作比较积极,学院利用这个特点,在其竞选学生会干部失利后给她提供了一个新的平台——学生就业指导中心主任,协助学院就业辅导员开展就业相关工作。在工作中体会集体与个人利益相冲突时如何处理;学会和不同的老师、学生进行有效沟通;体会学院中"以生为本"的工作理念,体会党为人民服务的宗旨,对党员和党有更直观更深刻的认识。

2.不断增强党性培养

迪某入党意愿强烈,但对于思想上入党的方面仍需要提升。因此,学院利用团课、党课、少数民族学生交流会、兄弟学院入党积极分子座谈会等机会,不断地帮助她学习党的理论知识,促成她对于党更深刻的了解,并与学生工作等相结合,使她不断体会党"全心全意为人民服务"的宗旨,增强党性修养。

鉴于其为民族生,有着一定的宗教类民族习俗,我们在培养过程中,也注意加强她这方面的意识,区分民族习惯和宗教信仰。经过培养,迪某在思想上有了很大提升。

3.不断提升自身实力

迪某的专业学习有困难,感到力不从心。学院派出受过相关培训的老师给她做了一次教练,教练过程中用到了"生命之花"平衡轮,对她自身的优点和缺点做了比较全面的分析,并且要求她为自身综合实力提升提出有效行动方案。她在自己的行动方案中提出了包括练好普通话、做一个创业项目等,并和老师达成了督促其努力的共识。

4.为特殊学生开辟绿色航道

迪某经过一系列蜕变,综合表现优秀,尤其在少数民族学生中有着很高的威信。院党委经讨论,决定将少数民族学生入党的学习标准进行适当调整。为保证少数民族发展对象在整个入党申请人乃至学院广大学生之间有着榜样引领作用,要求少数民族发展对象必须在少数民族群体内成绩排前 30%。

三、案例思考和工作建议

(一)效果评估

经过培养,迪某达成了自己的行动方案,努力学好了普通话,和几个同学成立了为新疆文化代言的创业团队,收获了非常好的反响,并入驻校大学生创业园。同时,对党的认识加深,日常学习生活中能起到明显的模范带头作用,政治立场逐渐坚定。

因为表现出色,她荣获全国自强之星提名奖、浙江省十佳大学生、浙江省优秀学生干部等荣誉,并荣获浙江省大学生演讲比赛一等奖、院职业生涯规划一等奖等。经过不断培养,迪某专业学习成绩也有了提升,不仅在新疆同学群体中成绩名列前茅,而且跻身全班前 50%。通过学院各部门的协同培养和自身的不断努力,她不仅提升了自己的群众基础,而且增进了少数民族和汉族同学之间的相互理解,俨然成为新疆少数民族学生的代言人。目前,她已经被确定为入党发展对象并通过了第 53 期入党积极分子培训班考试,顺利结业。在她的影响下,教育学院新疆少数民族学生与以往相比更加积极,并且入党申请人比例达到了 70%。

(二)经验和启示

1.培养路径的选择决定学生要走的路

依照以往的培养经验,一般都采取"有短补短"的模式,比如一个学生学习成绩不好,我们一般会分析原因,然后帮助她补习,查漏补缺。而在迪某的案例中,我们知道她专业学习有一定的困难,所以没有一味地强调要抓好学习成绩,而是通过发扬其优势的方式推进她的成长,当她走到一定高度再回头来通过她的自省和努力补足短板,收到事半功倍的效果。

2.培养的模式不能脱离部门协同

大学作为育人单位,如何帮助学生提升自身各方面的素质不是一个人或一个部门的事情,而是需要各部门共同协作。在迪某的案例中,党委统筹学院各部门推进对迪某的培养,涉及党委、团委、学工、教务、班主任、任课老师等的共同推进,达到了工作效率最大化。

3.及时根据具体情况进行制度调整

高校少数民族学生有不少人有入党意愿,我们对这些入党申请人进行培养时必须要关注到他们的特殊情况,要给他们希望,继而帮助他们达成希望,如果不关注他们的特殊情况就容易将他们入党的路堵死,甚或令其失去信心,不利于我们对少数民族学生的培养。

4. 善于抓住积极典型,扩大影响面

迪某最初的目的是想要入党,学院对她进行了培养之后,她达成了行动方案并收获了很多荣誉,她的影响力扩展到了全校,但最受她影响的还是新疆少数民族学生这个群体。她的事例让这个群体知道他们也是可以更优秀的,也可以和汉族的同学一样做很多有意义的事情,通过她也让更多的新疆少数民族学生对党、对党员有了更直观的了解,以此推进这个群体变得更加积极向上,进而形成良性竞争。这样,不仅使他们个人有所收获,也有利于学校、学院更高效地对他们进行管理和培养。

(注:本文荣获第七届浙江省高校辅导员工作论坛暨辅导员工作案例大赛一等奖。)

作者简介:

王鑫,女,山西寿阳人,硕士研究生,讲师,杭州师范大学教育学院辅导员,现任教育学院团委书记。2009 年至今负责学院党建、团建等工作。曾荣获省级奖项 2次,校级奖励 10 余次。

【案例评析】

学习了杭州师范大学王鑫老师的学生党建工作案例,我有三点体会与大家做个交流:

从案例对主人公迪某个体的论述而言,我认为,案例的题目可以修改为“经历风雨,便可看到彩虹”。我们推敲一下,从案例中我们获悉,少数民族学生迪某,入党意愿非常强烈,但专业学习有困难,未达到该校学生列为发展对象的成绩要求;平常和班里其他同学之间的联系较少,虽然积极参加学院活动,但是群众基础并不是很好;虽然入党意愿强烈,但入党动机仍需不断端正。通过该生所在学院党委的培养,并辅以专业老师、教务、学工等各部门的共同培养和教育,迪某专业学习成绩有了提升,其他方面表现也较为优秀,达到了该院规定的学生党员发展标准。结合案例,题目“换个角度”,似乎应理解为迪某未发生“质变”,只需该生所在学院党委全面、客观地看待迪某即可“看到彩虹”;当然,还有一种理解,即迪某“换个角度”,“也可以看到彩虹”,但这种理解表露出的只是迪某对问题的看法,依然未体现出迪某的积极行动及行动带来的积极变化。题目“经历风雨”则为迪某在外因的促使下,通过内因的变化亦即个人的努力符合了条件。所以,似乎将题目改为“经历风雨,便可看到彩虹”更为贴切些。

当然,如果将案例的重点放在通过迪某积极申请加入党组织的个体事件,而延伸到修订少数民族学生入党条件而言,原题目较为贴切。从案例中我们获悉,迪某所在学院党委将少数民族学生入党的学习标准进行适当调整，要求少数民族发展对象的成绩必须占到少数民族群体的前 30%。为什么少数民族学生入党的标准是可调整的呢？这是因为，按照党章规定，"年满十八岁的中国工人、农民、军人、知识分子和其他社会阶层的先进分子，承认党的纲领和章程，愿意参加党的一个组织并在其中积极工作、执行党的决议和按期交纳党费的，可以申请加入中国共产党"。从学生党员发展而言，我们的制度制订应该兼顾不同的学生群体，我们党组织的大门要为所有积极要求进步的学生敞开，我们各级党的组织肩负着宣传党的路线、纲领、方针、政策的职责，肩负着对要求入党的积极分子进行教育和培养的职责。同时，从民族团结的角度而言，我认为，发展一个维吾尔族学生加入党组织，进而带动更多的少数民族学生加入党组织，其意义更为重大。因为这些能够考入内地高校就学的少数民族同学在当地是优秀的，发展一批优秀的、积极向党组织靠拢的少数民族学生加入党组织，势必会发挥他们在学校期间的模范带头作用；同样，如果这批优秀的少数民族学生回到家乡，他们必将成为推动民族区域自治、地区经济社会发展的骨干力量，必将成为维护民族团结的重要力量。

这个案例是一个民族团结的案例。少数民族学生认真学习科学文化知识并在政治上积极要求进步，汉族教师和同学积极帮助少数民族学生，从这个角度而言，本案例依然具有重要意义。

一句话总结，虽然我说了一些对于案例题目的不同看法，虽然这个案例还可以再修改完善，但是不论从少数民族学生党建的角度，还是从民族团结的角度来看，该案例均具有重要意义，值得兄弟高校学习借鉴。谢谢杭州师范大学的王鑫老师！

案例 2　春风化雨　润物无声

——一则求职学生就业指导和心理调适的案例分析

浙江科技学院　周晓夏

一、案例背景

小张（化名），女，数字媒体技术专业 2011 级学生。她是一个活泼外向的女孩，成绩优秀，担任班级组织委员，大学期间积极组织班级集体活动。进入大四，大家纷纷走出校门，开始找实习岗位。12 月初，小张好友向我反映，小张不知因何原因，突然沉默寡言，不再热衷于找工作，在寝室蜗居大半个月未出门。

二、问题本质

当天下午，我以检查寝室卫生的名义来到小张寝室，敲门许久，方有人应答。小张裹着厚厚的棉衣来开门，行动迟缓，身材比之前胖了一圈，脸部浮肿，寝室里散发着各种食物的味道。我故作惊讶，问她为何会在寝室，为什么白天没有出去找工作或者实习。她沉默了一段时间，说正在投简历，准备面试。

致电小张妈妈，她表示家里未出变故，小张保持每周 2—3 次与家里通话的频率，但是时间比之前短很多，一提到工作就转移话题。

联系每天晚上回寝室的小张室友，她表示，小张在这几个月每天都有回寝室睡觉，未留宿在外。未听说过发生人身财产安全事件。

联系小张的多位好友，都表示最近很难联系上她，打电话不接。之前她积极主动地制作简历，应聘岗位，但要求比较高，想进的几家大公司都没进。

综合以上情况，我判断小张是由于求职遭遇挫折，心态失衡，导致逃避就业、自暴自弃的情况。

三、解决思路

（一）合理情绪疗法，纠正学生不合理信念

虽然我不是小张入学后的第一位辅导员，但在两年多的接触中，她一直亲切地称呼我为"夏姐"。我站在一位姐姐的角度，告诉她，老师、家长、同学都很关心她，我们都相信她的能力。心态起伏（过于自信或过于自卑）是求职不顺利时的常见现象，很正常。但遭遇一点挫折就否认自己，感觉自己糟糕至极，是不合理信念。就业黄金期不等人，必须转变自己的就业观念。她听了很受感动。

（二）明确自我职业目标定位

针对她在就业过程中非名企不进的想法，我在谈话过程中，注重帮助她正确认识和评价自己，坚定她想成为一名 UI 设计师的职业目标。但是成为一名 UI 设计师，不一定毕业后第一份工作就要进入知名企业重要岗位。大型企业流程规范、分工明确，小型企业面面俱到、成长迅速，各有优缺点。职业目标不一定一蹴而就，也可以学好技术再跳槽，曲线救国，切不可"在一棵树上吊死"。

（三）提升求职竞争力

首先是简历制作方面。我依据简历的一般要求，给小张的简历在结构、优势和排版方面提了一些修改意见。其次，在面试环节，我发挥个人优势（曾考取高等教育公共关系资格证书、礼仪文化资格证书），从礼仪角度指出小张在面试中的一些细节问题，如姿态、语速、肢体语言，以及观点表达缺乏事实支持等问题。第三，在专业测评方面，我邀请数媒专业负责人，请她从应聘一位 UI 设计师的角度对小张的简历、面试提出意见，并在专业测评等方面给予指导。

（四）广撒网与重点捕捞相结合，拓宽求职渠道

除了向小张推荐智联招聘等常用的一些应聘网站，让她"广撒网"投简历外，作为就业辅导员，我广泛发动学生、校友、教师、合作企业等资源，积极为小张推荐相关就业岗位，动员她参加各种招聘会、用人单位见面会等，拓宽求职渠道。

（五）磨炼求职意志力

通过比较分析就业形势与就业岗位，谈话中我向小张灌输一种意识：顺应环境，调整自己，这是求职过程中必须要学会的技巧。接下来找工作还会面临很多挫折，我们既要坚定 UI 设计师的目标，又要正视挫折，经得起考验，正确地评价自我、认识自我、完善自我，保持良好的心态。接下来的每周，我都与她保持 1—2 次的通话，了解她的心态和就业进展，关心、爱护、理解她，同时也注重磨炼她的意志力。

12 月底，她通过同学推荐进入一家小型企业做 UI 设计助理，能力颇受认可。第二年 4 月，应聘蘑菇街，并签订三方协议和就业合同。

四、案例启示

（一）建立平等互信的朋友关系是进行就业指导和心理调适的前提

学生的就业心态起伏，大多出现在大四。因此，大学前三年，通过与学生的频繁接触，掌握学生的个性特点，熟悉学生的心理特征，了解学生的现实表现和能力，与学生建立起深厚的友谊，站在"朋友"角度与学生交流，帮助学生客观分析，走出

认知误区、克服困难,成为大学生求职时的心理减压者和思想困惑的疏导者。

(二)提高自身素质和业务能力是进行就业指导和心理调适的基石

了解国家就业形势与学生就业心态,丰富就业指导和心理咨询的知识,是辅导员开展工作的基石。因此,我们要加强学习,掌握就业指导和心理咨询必需的理论和实践知识,提高自身素质和业务能力。在简历制作和投递、面试方面,给予学生指导;在学生求职倦怠期,给予关心、鼓励;对于不愿求职的学生,担当一定的职业咨询师和心理咨询师的角色;同时整合资源,做好就业信息服务工作。

一旦超出个人能力范围,出现专业性有限的情况,无法有效指导毕业生时,及时做好"转介"工作或寻求其他的帮助途径。

(三)爱心、细心、耐心并重,做好学生就业指导和心理调适的跟踪调查

就业指导和心态调适工作是一项系统性的工程,不是一蹴而就的,学生心态会经常反复。所以,我们在日常工作中,要坚持做到"三心",即爱心、细心、耐心。以学生为本,多一些关心和爱护;善于观察,及时发现学生就业中存在的问题,及时引导;在对待学生的反复教育转化过程中,多一点耐心,做好就业过程和就业后发展跟踪考察工作。

(注:本文荣获第七届浙江省高校辅导员工作论坛暨辅导员工作案例大赛一等奖。)

作者简介:

周晓夏,女,中共党员,浙江科技学院信息与电子工程学院辅导员。思政讲师、国家二级心理咨询师,拥有高等教育公共关系资格证书、礼仪文化资格证书、上海市公共关系岗位证书。积极致力于大学生就业指导与心理咨询、网络思政教育、团组织建设等方面的研究。

【案例评析】

李克强总理说过,"最大的民生就是就业"。就业对个人而言是安身立命之根本,对家庭而言是安居乐业之保证,对社会而言是稳定和谐之基础。周晓夏老师通过自己的努力,帮助小张同学找到了与其专业、素质、能力、意愿相符的就业岗位,解决了小张同学的就业问题。一个周晓夏帮助了一个乃至多个小张同学及其家庭,近万名"周晓夏"帮助了数以万计的学生和学生家庭,进而为社会的和谐发展做出了我们辅导员的贡献。然而,在工作中,要做好学生的就业指导却不是一件容易的事情。

做好学生的就业指导工作,辅导员老师需要具有科学的工作方法。从案例中

我们可知,周晓夏老师在得知小张同学的表现后,并没有单刀直入、直奔主题地开展说教,而是迂回包抄,在充分了解情况,具体分析问题之后,结合自己的专业知识并借助外力,才有的放矢地开展工作。"凡事预则立,不预则废。言前定则不跲,事前定则不困,行前定则不疚,道前定则不穷。"周晓夏老师的工作看似"一击而中",实则事先做了大量的调研分析,其方法值得我们学习。

做好学生的就业指导工作,辅导员老师需要具有专业的知识。从案例我们可知,周晓夏老师具有高等教育公共关系资格证书、礼仪文化资格证书,她通过自己的专业知识并邀请数媒专业负责人,对小张同学进行了专业的就业辅导和心理辅导。本案例说明,欲提升大学生思想政治教育工作质量,要先推动高校辅导员队伍专业化发展。

做好辅导员工作,需要一颗爱生之心。认真做好一项工作,尤其是做好人的思想工作,需要投入大量的时间和精力。我们不鼓励加班,但现实是多数辅导员在加班加点。能够支撑辅导员老师们加班加点工作的,除了一些值班补贴之外,更多的是岗位职责和爱生之心。周晓夏老师所说的爱心、细心、耐心,归结到底是辅导员的一颗爱岗敬业之心,是一颗热爱学生之心。有爱心的教育才是鲜活的教育,才会教学相长。

感谢周晓夏老师的辛勤工作,感谢浙江科技学院提供的工作案例,谢谢!

案例3　怀抱一本书

——以中国美术学院新生读书活动为例

中国美术学院　童玲君

一、案例背景

2014年5月4日，习近平总书记在北京大学考察时强调，核心价值观承载着一个民族、一个国家的精神追求，是最持久、最深层的力量。广大青年要从现在做起，从自己做起，勤学、修德、明辨、笃实，使社会主义核心价值观成为自己的基本遵循，并身体力行大力将其推广到全社会去，努力在实现中国梦的伟大实践中创造自己的精彩人生。因此，青年大学生要在大学学习时期，爱读书、会读书、多读书、读好书，努力提高自身的综合素质和精神境界。在提倡素质教育和终身学习的今天，大学生要做到文理相通，古今会同，中西融通，才是知识结构全面完整的合格大学生。

二、问题本质

有数据指出，目前北欧国家人均年阅读量达到24本，而我国人均年阅读量仅为6本，信息快速更新、手机覆盖手掌的时代已经难以让太多的人静下心来，安静地阅读一本书了。作为艺术院校的大学生更是以创作压力大、时间不足等理由逐渐远离图书馆，即使阅读，也主要集中在和专业、课业相关的书籍，阅读兴趣不浓，阅读方向单一，缺乏思想的凝练与沉淀，从而影响创作质量和个人素养的提升。

三、解决思路及实施办法

应对当下，如何在艺术专业大学生中倡导多读书、读好书、善读书，特别是让新生养成良好的读书习惯，中国美术学院做了深入思考和尝试，大力倡导"劳作上手、读书养心"，每人一本《读书笔记》，让阅读不再枯燥。2013年，刘延东副总理在我院视察工作期间，翻阅了学生的《读书笔记》，对学生书写的笔记内容和质量给予了肯定。

结合一年级学生学习生活的四个季节与成长规律，我院为新生编制了《读书笔记》，整理书目、策划内容、制订规则、评选优秀、展示成果，活动至今已连续开展7个年头。7届新生、7000多人参与到读书活动中来，人人阅读一本书，人人怀抱一本《读书笔记》，人人参与评比，人人都从读书开始，为一年级的生活学习留下美好记忆。作为与学生最亲密的辅导员,一本《读书笔记》见证了学生的成长与收获,更是成为与学生交流的有效媒介。

四、相关启示

图文并茂彰显阅读乐趣。坚持纸质手写,把生活、学习中的点滴用文字、剪纸、速写、漫画等多样的形式记录下来,使这本《读书笔记》内容丰富、形式活泼、内页设计感强,专业特色明显,真正实现了读书的意义。

专业、文化学习互为促进。从评比可看出,被评为"读书之星"的同学在学业发展和创作创新过程中成绩也相对突出,他们从书中汲取了知识,丰富了头脑,建立起阅读、自学的良好态度。

评价机制养成读书良好习惯。多年来,坚持开展书评,督促学生坚持阅读与书写,同时注重多元化的评比方式,激励学生在《读书笔记》中的创新思维,鼓励学生以体会、摘抄、简评等方式反映对阅读的理解,尊重学生个体阅读。

搭建思想工作桥梁媒介。在翻阅每一本《读书笔记》的时候,不只是在翻阅评比,更多的是与学生的思想进行对话,可以看到学生的成长态度,从而把握学生思想状态,对开展学生工作起到极好的作用。

《读书笔记》这一册素面的纸本,是一扇窗,打开它便有无穷无尽的看见,书写了同学们文与艺交互生发的精神面貌。《读书笔记》不仅引导学生养成书写笔记的良好习惯,更是关注学生的思想状态,引导学生健康成长的良好媒介。走进经典、走进心灵,从一本《读书笔记》开始。

(注:本文荣获第七届浙江省高校辅导员工作论坛暨辅导员工作案例大赛一等奖。)

作者简介:

童玲君,女,中国美术学院专业基础教学部综合办副主任,讲师,已从事近13年的新生教育工作。始终坚持用"真、情、意",拓展工作思路,创新品牌活动,帮助新生成长。获得学院多项荣誉,并于2013—2014学年获得省级优秀辅导员,同时积极参与申报教育厅、院级课题、学院思想政治教育研究会类的课题研究与撰写,公开发表多篇论文。

【案例评析】

在高校,开展学生活动是一件比较容易的事情,因为辅导员多数是开展活动的行家里手;但是,在高校将一项活动有组织、有策划地开展七年,平均每年都有1000余名新生参加,而且效果十分好却是难以做到的。很多高校也组织开展读书活动,但是能够像中国美术学院以《读书笔记》为载体,坚持开展书评并形成读书机制的还是较少的。

前几天我看了一篇文章,文章的名字叫"人生最大的捷径是用时间和生命阅读一流的书"。题目本身当然有些排他性,因为影响一个人成长、成才和发展的因素是多方面的,其中包含生理、心理、社会经历、人生阅历等诸多因素,哪一个因素是捷径因人而异。但是,可以确信的是用时间和生命阅读一流的书对于多数人的成长、成才和发展是十分重要的。

中国美术学院通过开展"怀抱一本书"活动,提升了学生读书的乐趣,促成学生养成读书的良好习惯,促进学生从书中汲取知识,丰富头脑;通过书写读书笔记,促使新生进行深层次阅读,并在阅读中思考、总结,写出自己的感悟,甚至是碰撞出思想的火花。

时下,手机阅读已占据了人们大量的时间。手机阅读固然有其方便性,可以随时随地阅读而且储存量巨大;有其快捷性,交流方便而且还有影音画面,拓展了传统图书的功能。但是手机阅读是一种"快餐式""碎片式"的阅读,这种阅读以接受为主,以"浅阅读"为主,长久下去,会影响人们的阅读能力、写作能力以及深层思考能力。"物格而后知至。"没有深层的思考和探究,何以格物、致知、诚意、正心,何以修身、齐家、治国、平天下,何以培养社会主义合格建设者和可靠接班人。中国美术学院通过开展"怀抱一本书"活动,与手机争夺了读者,提升了学生的素质和创作的质量。

童玲君老师能够将中国美术学院的读书活动总结为案例,相信童老师在这个方面做了大量的工作,并收获颇多而有感而发。童老师的案例是对美院读书活动的凝练,同时对于其他高校而言,具有学习和借鉴的重要意义,谢谢童玲君为我们提供的优秀案例!

第五章
"爱生节"十周年学生感恩故事大赛获奖作品及评析

高校以生为本理念是指高校在办学的过程中,在习近平新时代中国特色社会主义思想的指导下,在注重发挥教育社会功能的同时,发挥教师的主导作用,尊重学生人格、权利、自由、发展和幸福,调动和激发学生主动学习的积极性、能动性和创造性,使学生获得全面、主动、有个性和可持续的发展。一直以来,学校高度重视学生成长,树立了科学的爱生理念,开展了贯穿学生从入学到毕业甚至是毕业后的系列爱生活动。

以生为本是学校的育人理念。2000 年,学院建立后,率先在全国高职院校中提出了"一切为了学生、为了学生一切、为了一切学生"的指导思想,着力构建"关爱学生进步、关注学生困难、关心学生就业"的工作体系。2007 年,学校组织实施学生"千日成长"工程。2008 年,学院将 5 月 23 日(谐音"吾爱生")确定为"爱生节";2011 年,将 11 月 23 日(谐音"要爱生")确定为深化"爱生节"活动日。2010 年,学院提出并将"有利于学生健康成长,有利于学生素质提升,有利于学生就业创业,有利于学生可持续发展"作为检验育人工作得失成败的衡量标准,促进了人才培养质量的提高。2011 年,提出构建发展服务型学生工作体系。2014 年,学校将"以生为本榜样学校"作为"八个学校"建设的重要内容,着力开展高品质幸福金院建设。可以说,以生为本理念贯穿于学校办学全过程,已经内化为全体金院人的文化自觉。

以生为本需要载体支撑。在开展"进寝室,送温情,增亲情"教师走访寝室活动,"绿色家园结对"中层干部先后和省外学生、家庭经济困难学生结对帮扶活动,班主任电话家访,建造"最舒畅的学生服务中心"等工作的同时,学校设立"爱生节"和深化"爱生节"活动日,开展了师生零距离交流,订单招聘、毕业生就业招聘,师生毅行等一系列基于学生成长需求的教育教学活动,为增进师生情感,促进教师了解学生、关爱学生创造了机会,为进步的学生提供了平台,让困难的学生得到了关爱,让全体学生都能够健康成长、快乐成才。诸多活动,进一步突出了学生的主体地位,进一步落实了"以生为本"的育人理念。

以生为本要形成工作机制。学校出台了《关于进一步推进全员育人、全过程育人、全方位育人的若干意见》《关于进一步完善班主任、辅导员工作机制的实施意见》《关于班级工作班主任责任制的实施意见》《学生"千日成长工程"实施方案》《关于全课程育人的实施意见》等文件,加强了制度建设。学校做好"金牌辅导员""金牌班主任"的评选工作,各二级学院主动落实学校的规定,聘请专业主任、教授担任班主任工作,进一步优化班主任工作队伍,引导更多更优秀的教师承担育人工作。在校内科研立项上,为学生思想政治教育的管理者和教师增设了学生思政课题,组织开展班主任、辅导员育人文章、工作案例征集评比活动,促进了基于工作的研究。组织开展辅导员职业技能大赛和总支书记"说系情"、辅导员"说学情"、班主任"说班情"活动,进一步提升了辅导员、班主任的职业技能和职业素质。诸多活动的开展,进一步加强了育人工作队伍建设,形成了全员育人的良好氛围。

以生为本要贯穿学生"千日成长"全过程。学生在校 3 年 1000 余天。但是我们的育人工作却远不止学生在校的时间。鉴于历年提前招生学生的假期时间较长,明理学院在提前招生的学生中开展"做好五个一,快乐过假期"专题活动。即号召学生"开展一回志愿服务、阅读一本专业书籍、撰写一次财经评论、草拟一份大学规划、坚持一项体育运动"。同时,面向全体新生,通过网络和书面等形式,发送《新生入学指南》,使新生尽早了解金院的学习生活,为入学做好准备。校友工作是金院的一项有爱心、有感情、有特色的工作。学校按照"135791"的理念开展校友工作,即争取帮助校友做到"一年熟练岗位、三年成为骨干、五年成为主管、七年实现发展、九年事业初成、一生平安幸福"。可以说,从新生入学到校友发展,我们的爱生服务全过程,无间隙。

树立以生为本的育人理念是高校践行习近平以人民为中心发展思想的需要,是帮助学生健康成长的需要,是构建和谐校园的需要,是教育的本质体现。创新育人载体设立"爱生节",是学校大爱之体现,是教师大爱之行动。

不论从学校开展的爱生行动而言,还是从我们了解到的学生和校友的反馈而言,我们都有理由相信,生长在爱的环境中的学生是幸福的,是会感恩的,是会给这个社会增添更多关爱的。下面,就让我们通过部分获奖学生和校友的感恩故事来展现我们的思想政治教育工作。

案例1　因为遇见你们

金融173班　黄巧蕾

我想，或许每个人都是有过很多的经历才会慢慢蜕变，逐步成长的吧。正如奥斯特洛夫斯基的一句名言："人的生命似洪水在奔流，不遇着岛屿、暗礁，难以激起美丽的浪花。"蜕变在于你最终是否能乘风破浪，扬帆起航。

从2016年4月开始，母亲身患疑难杂症的噩耗给我们原本幸福平静的家庭带来了折磨和绝望，病情的持续恶化和昂贵的看病费用，让我们遭受了将要诀别的苦痛和沉重的经济负担。身心俱疲的我们早已忘了什么是幸福。但这个坎或许也是对我的一次磨炼，它让我懂得了什么是感恩和奉献！

之前感恩对我来说只是词典里的一个词，并没有太多的感触。直到各大医院的无能为力并接到母亲的病危通知单，再也无法承受的痛苦从我的内心喷涌而出。那天晚上，班主任钱程老师和同学们知道情况后，不停地安慰我，并帮我把求助信息转发朋友圈，还发动金融17(3)班和(4)班一起为我们家自愿募捐，金融管理学院熊书记和钱书记了解情况后也捐款救助我母亲。第二天，熊书记还帮我们联系了邵逸夫医院的虞洪医生和俞云松医生，亲自和钱程老师以及我们金融17(3)的班长施志翀与团支书陈紫璇帮助我们转院到邵逸夫医院，让我妈妈及时住院就诊，稳住了病情。之后，学校党委书记周建松和校长郑亚莉也委托熊书记给我们带来关心和慰问。辅导老师刘兆阳帮我们申请了救助金。学校的其他领导、老师和同学也十分同情和关心我们家的遭遇，并且热心帮助我们。

在大家的好心支持下，我妈妈病情逐渐好转。身体正在康复，整个人也变得越来越有活力。我们的家正是因为有你们的帮助才得以完整。

仁以知恩图报为德，滴水之恩定以涌泉相报。面对学校和社会对我们的帮助和鼓励，心中万般感激的祝愿在这里只能汇成一句简短但能真切表露我心声的话：谢谢！

虽然现在我还只是一名在校的学生，没有更好的办法回报学校对我的帮助。但在今后的学习和生活中，我会努力学习，珍惜时间，立志成才，全心全意地做一名品学兼优的学生，以此作为对学校和其他所有帮助过我们的好心人的回报。因为有你们的帮助，才有我们温暖的延续。今后，我也会像你们一样将温暖传递给需要的人，体味获得帮助的那份喜悦，让他们知道，其实在你遇到困难的时候，有很多人关心你，支持你，挂念你。

【案例评析】

黄巧蕾同学遇到母亲患疑难杂症,治疗费用高昂,并经全家人努力而没有结果时的心情是可想而知的。当全体金院人在党委书记、校长的带领下共同出资出力,尤其是熊书记帮助其联系邵逸夫医院并在医生的努力下,治愈了黄巧蕾母亲的疾病,黄巧蕾同学和家人的喜悦之情也是可想而知的。雅斯贝尔斯说:"教育的本质意味着,一棵树摇动另一棵树,一朵云推动另一朵云,一个灵魂唤醒另一个灵魂。"一个有大爱的学校培育了一个"今后,我也会像你们一样将温暖传递给需要的人",这就是教育的本源所在。

案例2　余　味

会计学院 174 班　　张佳伊

施金影是个非常可爱的老师。

一开始她是我们的基础会计老师,老师和学生的配对从来都是看缘分的,早就听说会计学院有一位严厉得不得了的老师,没想到竟然有机会领教。这缘分,嘿!

上课第一天,施老师就告诉我们很多她上课的规矩,诸如上课不能玩手机,不能睡觉,不能迟到,不能早退,不能旷课……这些规矩对于我们来说并不陌生,不就是和高中一样嘛,简单! 但施老师有这样的要求在大学里是不多见的,施老师一丝不苟的态度无形之中令我们产生了一种敬畏,不仅是敬畏老师的"严厉",更是敬畏我们手中的课本,敬畏会计这一门学科。就这样,我们开始了漫漫学会计之路。

学着学着,发现会计真的是一门需要我们竭尽全力去学习的学科,它要求我们沉下心,非常非常认真。我们一开始就非常吃力地学习,虽然在平时的学习中少了很多乐趣,但应付期末考试却不是什么大问题。这都得益于施老师对我们的教育。

不知不觉,第一个学期过去了,大一下学期开始学习财务会计,当知道我们的课还是由施老师教,大家非常惊喜。她上课的时候说,会计是需要与时俱进的一门学科,她想给自己一点挑战,所以这学期破天荒地陪我们一起升级了。真的很高兴,我们能继续一起学习。

施老师是非常严厉的,上课看见有人玩手机会在全班面前叫起来罚站,弄得我们都很羞愧。真是又怕又敬。若非不得已,绝不用手机做与会计无关的事情。简直和高中的时候一样,但这是很好的,当我们成年,以为自己开始成熟,所以放纵自己的时候,恐怕连高中的自己也不如了。成长,不是成为一个身无长物的人,而是学会扬弃,保留最好的,剥离不够好的。做事一丝不苟,这一点,太难留存了。

施老师真的是一个很可爱的人,严肃里有对这个世界的较真和坦率。原谅我的拙笔写不出深情歌颂施老师的句子。只是觉得施老师颇有一点金岳霖先生的意思,有着自己的执着和坚持。一个多学期相处下来,施老师这么严厉却不招人记恨,是因为她的人格魅力太强了吧。我们都知道她的可爱,她的好。她的性格有点冷萌,话不多,表情也不多,偶尔萌一下就非常可爱。还有,施老师有涂透明的指甲油,这大概就是施老师不轻易显露的少女心吧,就像她严厉外表下教育我们的心。只不过施老师的好实在是太明显了,藏都藏不住,无论多么严厉我们都知道她的善心,就像她手指指在我的课本上为我讲题的时候,闪闪发光的透明指甲,美好而简单,留有余味……

【案例评析】

没有规矩不成方圆。学生的管理和教育是一枚硬币的两个方面,缺一不可。施金影老师担任班主任,包括给学生授课均定下了很多的规矩。从一个角度而言,学生认为这个老师很严厉,"和高中一样"的管理模式;从另一个角度而言,"这是很好的,当我们成年,以为自己开始成熟,所以放纵自己的时候,恐怕连高中的自己也不如了"。教育部长陈宝生针对"玩命的中学、快乐的大学"的现象提出"对大学生要合理'增负',提升大学生的学业挑战度"。严格管理是大学生"增负"的途径之一,支持施金影老师。

案例3 点亮未来路口的明灯

会计 168 班 钟海飞

老师是我们的手电筒,每时每刻都在照亮前方的路;老师是我们的黑板擦,无时无刻不在抹去你心中的杂念。

高中三年里,每每在学业的压力下即将颓废而放弃时,给我希望的都是未来自由轻松的大学生活。终于在 2016 年的夏末秋初,我来到了浙江金融职业学院,带着积攒了三年的憧憬和幻想,开始了我的大学生活。

来到这里的第一个晚上,他就是讲台上的主角。他用他的幽默缓解了我们两个班陌生而尴尬的局面。竞选班干部的时候我不仅感受到了他的民主,也体会到了他的智慧。每个同学都有权利去竞选班干部,但是每个班委都被要求作为班级榜样,无论技能还是学习。原以为大学班主任真会像高中老师口中描述的那样,一个学期都见不到几面。但是,哪怕在最辛苦、最炎热的军训,他也没有缺席。他不仅是为了了解我们的军训成果,更是为了关心同学们的身体。军训结束后他也没有停止对我们的关照。每个月的走访寝室让我们感受到了他的体贴。寝室卫生状况、寝室矛盾问题他都了解,甚至连寝室遭老鼠的难题,他也帮我们想了很多法子。

他也不是一个不苟言笑的人,我们的班级活动、班级聚餐,他都能融入我们,和我们一起搞怪自拍,和我们一起恶搞与游戏。他也会给我们分享他的人生经验,给我们解决疑难困惑。

大一下学期,他成了我们的任课老师。轻松诙谐的教学方式让我们重拾了上课的兴趣。他总会在下课时间询问同学们最近的学习情况和考试情况,并对我们提出要求和期望,给我们信心也教给我们学习方法。每次有课堂测试或者技能测试,他总会向课代表要我们的成绩表,认真分析我们的学习情况,分析我们的不足,并且让我们定下目标。为了提高专升本同学的英语水平,他还让专升本的同学定下考出英语三级或四级的目标。

这个学期,他担任了我们班的职业发展和就业指导的任课老师,就在前不久的订单班面试前,他认真批改了每个同学上交的个人简历,并在课上对我们的问题进行了分析。除此之外,他还让每一位同学都上台进行自我介绍,并且提出建议。他还让获得了订单班资格的同学为我们分享经验,并且分享了自己当年工作面试时的经历。在即将面临就业实习问题的我们面前,他用自己的经验和教训为我们指出了方向,让我们在迷茫的时候看到了一盏明灯。他就是我们的班主任王玉龙老师。

假如我能搏击蓝天,那一定是您给了我腾飞的翅膀;假如我是激浪的勇士,那一定是您给了我弄潮的力量;假如我是不灭的火炬,那一定是您给了我青春的光亮!

【案例评析】

学习上、工作上严格要求,生活上关心爱护,思想上悉心指导是一个优秀的教育工作者的重要工作方法之一。"80后"的班主任带领着"95后"学生,既要有令学生信服的专业功底、广博的学识,还要有深入学生、关心学生、管理学生、指导学生的具体行动,真正做到"围绕学生,关照学生,服务学生"。

案例4　寄情银联

会展 171 班　赵滢滢

陌生而又熟悉,温暖而又亲近,是你——银联。

——题记

我记得那是初秋,本该微含凉意的 9 月,开学那天却是出奇的燥热,就连风都带着热气刺刮着我的皮肤。我记得那天的恒升路上,来来往往的人拖着大小各异的箱子东奔西走,校车一趟趟地往返相送,学长学姐一遍遍地解答指引,都是那么亲切。我记得那天的我怀揣着对大学新生活的向往,憧憬着对未来无限可期的幻想,就这么踏入了金院,从此扎根金院,记得那天我第一眼看到的金院,也记得那天我骄傲地成了一名金院人。

而"银联",一个新的名词闯进了我的生活,高矗的三幢楼冲击着我的视角,我驻足在三岔路的门口,幻想着从此以后无比憧憬的大学生活,我知道在我踏入那的时候我便与银联成功牵线了。当我久久地伫立凝望时,远处传来一句:"宝贝,银联 B 的啊,快进来! 外面太热了。"从此这位阿姨便被我赋予一个新的称呼——"未见其人,先闻其声"的"声音阿姨"。您带着我签到、领卡、进门,那么亲切随和,所有的陌生感在那个时候都化为乌有,有的只是您和蔼的微笑和亲昵的言语,到现在我还记忆犹新。在那天我认识了你们这些可爱的银联家人,我很幸运认识你们,也很感谢银联 B 带给我的所有。

不论上课下课,只要在银联 B 进出门,第一句我都会习以为常地和你们打招呼,你们也一样面露笑意地回应我,与你们的寒暄都那么亲切自然。周五回家您总会亲切地对我说:"回家啦,什么时候回来呀? 回家注意安全。"中午出门您也不忘问我:"吃饭了吗? 下午上课吗?"那天你叫出我名字的时候,我很震惊也很开心,您说您因为我的健谈和阳光记住了我这个住在 7 层的宝贝,我也一直都记着您这个可爱的银联家人。

"身在银联,心出幽默。"银联 B 的维修大叔就是这句话的代名词。银联 B 的宿舍维修工作项目多而杂,大到停电跳闸、爆水管、厕所堵塞、水管不通,小到门、窗、锁、床、水龙头、电灯泡,每件事都关乎着我们生活的便利和安全,这些大大小小的事全楼都由您一人全权负责。您天天为宿舍的大小杂事跑上跑下,奔波劳累中也不忘幽默,在维修的时候和我们开玩笑。记得初入夏时因为我们寝室电风扇的简单擦洗,您前前后后地拆卸安装,不忘细致地提醒我们晾晒干,也让我们注意头顶墙板的位置。这位银联粗汉细腻的心思就是在那个时候融进我的心里的。他兢兢兢业业做好自己的本职工作,在他的身上我看到了热忱与坚持。

我的"银联"家人们,你们真的很可爱。有你们这些陪伴我金院大学生活的家人们,我从不后悔进入银联大家庭,在银联与你点点滴滴的生活记忆将会是我最值得回忆的时刻。感恩金院,感恩银联,更感恩你们。

和银联在一起的半年,是我真正意义上离开家的半年,真正开始学着自己处理问题,学着如何与别人交流,初入大学的我们时常会感觉到迷惘无措,那时候我困惑自己未来的方向。可每当我走进银联,坐在办公桌前可爱的你们和蔼微笑着,看着我们进进出出,与我们谈笑风生,那是一种安定的味道。在这半年里你们的微言细语,你们的句句关心都让我感受着家的温暖,感谢银联的你们陪着我度过了在金院的这半年。

半年多的相识,半年多的相处,可我们对你们这些银联家人抱有不止半年的相亲相敬。一次次的帮助,一次次的呵护,让我们对你们心生无数次的感激感动。我们来自天南海北,远离了自己的家乡,却最终在银联的温馨抚育下共同组成了一个家。我所能想出的对家的最好定义,就是"精神的归属",我们以心易心,为爱银联。

【案例评析】

环境在一个人的成长的过程中是重要的外因。当阿姨主动问候学生"宝贝,你好!""回家啦,什么时候回来呀?回家注意安全"的时候,相信学生是不会无动于衷的。不仅教书可以育人,管理和服务均可以育人。银联 A、B、C 三幢公寓楼的物业管理由浙江大学新宇集团负责。该集团在多年经营中形成了一整套的较为科学的管理理念和做法。工作人员按照公司文化开展工作,带着情感与学生沟通交流,久而久之便形成了学生眼中的"'银联'家人们"。如果说进一步推进高校文明寝室建设,我想新宇集团员工带着情感工作便是一个重要的组成部分。

案例5　遇到您　好幸运

文秘 151 班　邵美慧

世界上,有一种伟大的职业,叫老师。

老师,您如一名园丁,哺育我们成长;您如阳光,既温暖,又和煦;您像勤劳的蜜蜂,辛勤为学生酿蜜;您似明灯,照亮了我们前进的方向;您对我恩重如山,您的这份情,我一辈子牢记在心。

回顾我的大学生涯,我想要感恩的老师数不胜数。我是幸运的,因为我碰到了一批优秀的好老师,让我从刚进大学时的迷茫,一点点找到努力的方向;让我从一开始走到十字路口面对抉择时的痛苦和无奈,到有自己的想法和判断;让我在无数次坚持不住想要放弃时再次坚定步伐,向前迈进,感恩在我生命出现过的这些老师。眼看就要大学毕业了,我最想要好好谢谢我的班主任——赵老师。

进入大学之前我是充满期待的,进入大学之后,刚开始一段时间因为获得了充分自由而感到快乐,后来却变得不安和焦虑,因为我深知在这样无止境的自由之下,毕业后我很可能自食恶果。于是我开始焦虑,大学就像一个超市,里面的商品琳琅满目,我什么都想要却好像什么也抓不住,我不知道如何取舍,我不知道自己真的想要什么。

直到有一次,那应该是军训期间吧,我的班主任赵老师请了学姐来给我们做讲座,我了解了速录这项技能。当时学姐说的时候,我立马眼前一亮,并在讲座后要了学姐的微信,从此走上了苦学技能的路。现在,即将毕业的我考了速录高级证书,成为这个行业的高级速录师,但这期间的酸甜苦辣,回想起来是非常丰富的。

如果说练习技能除了要有长远的眼光,看准它并选择它,更需要持之以恒的耐力和老师的指引与帮助,这三者缺一不可。除了自身的动力之外,老师的指引和帮助是非常重要的力量。

由于练习过程中缺乏方法,我晚上一次次翻来覆去地想。有一段时间练习中碰到瓶颈,技能水平怎么样都上不去,懊恼和想要放弃的念头冒出来,这时候我的班主任赵老师及时给了我力量和指导。他的"乒乓球学说"我到现在都记忆犹新——千百次的锤炼,打牢基础,真正的全身心投入,一有空就琢磨。虽然老师说的是两种不同的技术,但是技术的本质都是相通的,我深受启发,并分析自己的原因,继续埋头打基础和提高速度,就这样一次又一次,终于突破了瓶颈。

不疯魔不成佛。有一段时间我练习得比较疯狂,不叫我起来休息我就一直沉醉其中,结果我的身体开始反抗了,颈椎痛到要去推拿治疗。赵老师知道后,他会在办公的间隙来实训室看我们,提醒我们一定要站起来活动活动,亲自监督,就怕我们练伤了自己。他工作出了名的认真负责敬业,好几次我练习到傍晚6点钟,看到整个五楼就班主任办公室的灯还亮着,因此我又暗暗给自己鼓劲,觉得自己应该要向赵老师学习,要更加努力。

任何技能的练习都是有方法的,有方法就如虎添翼,但因为速记这项技能比较难学,一直没有人坚持,我等于是跟无头苍蝇一样乱撞。我把这个情况向班主任赵老师反映之后,赵老师觉得非常有必要让专业的老师进行指导,于是通过一次次邀请,他先后请来了速记委员会专家组成员徐飚、全国速记第一人王芳秘书长。这些给老师增添了额外的工作量,但我们班主任和专业老师依然牺牲自己的周末,带着我们跟这些专家讨教研究。作为学生,我被老师这种敬业爱生的精神深深感动,连两位专家都被我们班主任深深感动了。

付出难道会没有回报吗?这次我去了北京协会培训,北京的老师感到惊讶,因为我是全日制在读的学生,她不相信我可以练到这样的水平。当时协会里还有全日制学习的同学,他们学了一年,在测评时还是我水平更好一些。老师又对我们三个进行测试,根据测试的结果,如果我们继续保持目前的水平,拿国赛一等奖是完全有希望的,很可惜今年国赛暂停了,这也是我大学最大的遗憾!

虽然没有机会参加比赛,但是很幸运我们被社会认可了。我第一份实习工作是在速记公司,经常可以参加各种大会,听到最前沿的消息,接触很多社会的精英,听他们的一席话让我受益匪浅,也让我明白了外面的世界真的非常精彩!因为有技术也会被尊重,虽然我很年轻,但是在会场客户都会叫我邵老师、邵工,他们眼里全是赞赏和认可。目前已经有一家上市公司向我抛出橄榄枝,并愿意等我毕业。

以后我在遇到困难想要放弃时,一定会想起我的班主任对我的鼓励,想起他对我说过的行百里半九十,我会咬紧牙关坚持。未来我走在十字路口时,将不再如当初一样慌张无措,我会有自己的判断,往更好的方向走。我会牢记老师说的内外兼修,除了要有高技术硬技能之外,还要做一个高情商的人。

难以忘记您,最感谢您,我最敬爱的赵老师!我可以自豪地跟您说,您培养出来的学生被社会证明是合格的!

【案例评析】

《浙江省教育厅关于切实加强高等学校学生学业指导和管理的意见》(浙教高教〔2014〕60号)明确规定:"辅导员、班主任要把关心帮助指导学生修习学业作为自己的重要职责。""建立健全学生学习支持服务体系,建立和完善学生互助机制,发挥优秀学生示范作用,促进学生成长成才。"学业指导是班主任老师的重要的工作职责之一。本案例中,赵老师不仅引导和鼓励学生练习专业技能,而且及时了解学生练习情况,积极寻找专业人员予以专业指导,为学生的成才发挥了重要的作用。

案例6 难忘的明理课

多媒体 141 班、温州联合电子商务有限公司   胡伟建

告别了繁忙的高中时光,踏入大学的校门,心情也变得无比激动。憧憬了 13 年的大学梦,终于实现了。高中时,看着那些上了大学回来的人真的好羡慕,盼望着赶紧毕业。但是 3 年时光说长也不长,说短也不短,有的只是枯燥和做不完的作业,感觉自己就像个机器人一样,每天重复着相同的事情。到了大学,才发现大学的生活是那样多姿多彩,然而也需要离开父母,独立面对生活,锻炼自己。人生的历程在此翻开新的篇章,美好生活将从这里开始。

大学生是国家宝贵的资源,是祖国的未来。大学时期又是大学生世界观、人生观、价值观走向成熟的关键时期。刚到大学面对崭新的学习和生活环境,我们感到新奇又陌生,感到迷茫没有目标。直到上了明理课,我才学会了如何去处理它,如何规划自己的生活。

说到明理课,我的第一个反应就是茫然,不懂为什么学校要开这一门课程。之后我才知道,大学的明理是结合大学生生活和心理的。学习明理,一是有助于当代大学生认识立志、树德和做人的道理,选择正确的成才之路。二是有助于当代大学生掌握丰富的生活知识,提高我们的自我认识。在大一的下半学期,我们迎来了新的明理老师。还记得王老师第一次上课时跟我们讲:"其实高中是最值得怀念的,也是最充实的。而大学生活也没有想象中的那么简单、轻松。"当时我就想:"What? 大学比高中好多了好吧,没有太多的学习压力,环境也很轻松,不用像高中那样埋头苦学,还摆脱了父母,可以独自生活,这有什么不好的呢? 而且不会因为考试考不好而被老师骂,想上什么课就选什么课去上,晚上还可以玩游戏等,多自由。"但是,老师接着说:"你们是想着高中被管束得很累,有很多作业是吗? 但是到了大学,就算想找人管着你,也没人会管。大学是学习的地方,是知识的海洋,不要把大学宝贵的学习机会白白浪费在吃喝玩乐上。但也不是就光学习,还有很多学校组织的活动。毕竟你们都是经历了 3 年的艰苦学习的,稍微放松放松也是好的。这样不仅可以给你适当的放松,还可以锻炼一些其他方面的能力。在大学,还要学会独立生活,拓展知识面,扩充人脉。大学也是半个社会,上了大学相当于半只脚踏入社会了。所以不要过于放松,要先适应大学生活,然后还是要学习。学习专业知识、与人相处、独立生活,做好走向社会的准备。"

在之后的大学生活中,每每想起老师说过的那些话,都感觉其中充满了意义。它会在你的脑海中不经意间浮现,提醒着你大学并不是一个吃喝玩乐的地方,而是

一个学习专业知识、学习人与人之间的相处法、学习在社会中立足的能力的地方。大学就是半个社会,在大学校园内,你会看见很多大学生在社会实践。还有那么些人,你在与他们相处过的程中才会发现以前的自己是多么孤陋寡闻,你还会感受到自己即将要面对的社会,还有激烈的市场竞争。最后我要感谢王老师,是您给我们指引了方向,教会了我们如何根据自己的情况来选择合适的工作。

【案例评析】

梦想憧憬伴随着孤独迷茫和适应学习生活的挑战,往往在很多大一学生的身上出现。一方面,部分高中教师为了给参加高考的学生们鼓劲加油,让他们再坚持一下,考出好成绩,便向同学们描述了美好、自由、轻松的大学生活;另一方面,大学生生活中的课程、活动、比赛、会议多如牛毛,大学集体生活的人际关系比高中要复杂得多,加之专业、素质、能力、就业以及将来的发展等一系列问题,由此引起的是大一学生的心理冲突。为了让学生尽快适应大学生活并尽快提升学习能力和综合素质,学校成立了面向大一学生的独立的教育教学机构——明理学院。明理学院主要由少部分专业教师和多数辅导员老师组成课程组,负责开设"学习生活指导""职业生涯规划指导""心理健康教育指导"三门课程,同时要组织开展第一、第二课堂结合的明理教育活动,如明理讲座、明理实践、"六个千万"活动、"我谈明理"演讲、"我眼中的明理微视频"制作等系列活动。第一、第二、第三课堂的有机融合加强了学生的"明法理、明德理、明学理、明事理、明情理"的"五明理"教育,培育了"守法纪、懂做人、爱学习、能做事、会生活"的优质学子。

案例 7　感恩，我的老师

理财 141 班、杭州盈纳控股集团有限公司　张梦娣

没有什么华丽的辞藻，能形容心中那一份感恩。

如果人生至多能活到 80 岁，那么有种人会在前面四分之一甚至是更多的时间里一直陪伴在我们身边，那就是老师。

四年前，我独自一人来到一座陌生的城市，是她给了我母亲般的关爱和照顾，她对于我来说亦师亦友。作为老师，她指导我成长，提高我的人际沟通的能力，教会我为人处世的道理；作为朋友，她能倾听我的烦恼，帮我排忧解难，她就是我的辅导员，我最亲爱的闫娟娟老师。

刚进大学的时候，我一直以为辅导员会是一个比较烦人的老师，会管这管那，这也不许那也不许，接触后才发现并不是这样的。她虽然会管着你，但却不会让人觉得烦，反倒让人感觉很亲切。和闫老师深入的接触还是源于团辅中心的成立，起初我是因为新鲜感才加入团辅中心的，时间久了，对它的感情渐渐地就变成了对家人般的温暖与不舍。

刚开始看着闫老师组织班级团辅，我就很羡慕，想着什么时候我能像老师一样那么自信地站在人群中，毫不紧张并且完满地带领一场团辅。我到现在还记得我第一次带领团辅时那种紧张的心情，既忐忑又激动，忐忑的是生怕自己带不好会出错，激动的是终于有那么一个机会能让我跨出去，能像老师一样去组织带领大家。我本身是一个偏文静的人，不太擅长沟通，更别说去组织带领一场活动了，每次老师都会跟我们说，在作为领导者的同时要参与到活动中一起去感受。刚开始不太能理解这句话的意思，总觉得作为一个领导者，一起参与进去不就全乱套了，就没法去掌握整个活动的规则和进度了吗？后来才慢慢体会到老师的用心，只有共同参与进去，才能体会到参与者的感受和心情，才能在发现不适的情况下及时做调整。团辅这种群体性的活动可能没办法关照到每个人，但是要最大限度地照顾到大部分的人。从开始的紧张、不熟悉，到后来能完满地带领整场活动，对于我来说，这是一个质的变化，极大地提高了我的人际沟通能力。可能在后面的活动中还是会遇到各种各样的突发情况，但我一直记得闫老师说过的一句话："我们尽力而为，只要无愧于心就好。"这句话不光适用在团辅活动中，在生活中，包括我现在的工作中，我也是一直谨记着：做任何事情，只要无愧于心就好！

我何其有幸，在这座陌生的城市能遇到一个愿意提点你的人。一直都没有机会跟您认真地说一声谢谢，今天借着这个机会，我想在这里跟您说一声："闫老

师,谢谢您这几年对我的关照与教诲,您辛苦了! 愿您今后能少点操劳,多点幸福!"

【案例评析】

《普通高等学校辅导员队伍建设规定》(中华人民共和国教育部令第 43 号)明确规定,辅导员的主要工作职责之一是做好"心理健康教育与咨询工作。协助学校心理健康教育机构开展心理健康教育,对学生心理问题进行初步排查和疏导,组织开展心理健康知识普及宣传活动,培育学生理性平和、乐观向上的健康心态"。中共教育部党组在《高校思想政治工作质量提升工程实施纲要》(教党〔2017〕62 号)中进一步强调了心理健康教育的重要性,明确将心理育人质量提升体系纳入十大育人体系。我院不仅按照要求做好学生心理疾病的咨询诊治工作、心理冲突的调整化解工作、心理课程的开设教育工作、心理活动的开展工作、心理知识的普及宣传工作,还由诊疗型向预防型转变、由一般适应向成才型转变、由单纯心理咨询向整体素质提升转变,由消除心理障碍为目的转变为促进心理健康可持续发展为目的,构建了发展服务型心理健康教育工作体系。"着力培育师生理性平和、积极向上的健康心态,促进师生心理健康素质与思想道德素质、科学文化素质协调发展。"闫娟娟老师组织的团辅便是发展服务型心理健康教育工作体系的组成内容之一,感谢严老师"坚持育心与育德相结合,加强人文关怀和心理疏导",做好了学生的心理健康教育工作。

案例8 我的学院舞蹈回忆录

2006届工行订单班、经管系保险031班 葛雯佳

　　这是一次我期待的文字之旅,尽管其间的多次重返校园,让我的思绪久久无法平静。短短的几年学生生涯已然在我的记忆深处种下了永不凋谢的花朵。为此,我想再一次回到我的象牙塔时光,带着我对这个地方,那时的校园、老师,这一份深情厚谊的留恋。而这一篇文字将在我的人生经历中重新撰写出一份青春的诗章。

　　校园的花和清晨的鸟儿如歌如诗一般地,歌唱着青春舞动的旋律,绽放着天使般的风采。透着下午微醺的书卷气息,一路上结伴的室友一直跟我探讨加入现代舞还是民族舞社团活动的话题。而我矫健的步伐已经穿过了生活区的围廊、图书馆的阶梯,径直走进了体育馆的舞蹈房。一阵热浪扑面将我的视线一下聚集在一位身材均匀、及腰长发系成马尾垂落在肩头的女子身上。鹅蛋脸庞有几分艺术几分悠扬,眉宇之间透着一份浓浓的感性,齐肩的耳坠将她的天鹅颈延伸得挺拔而端庄。一件宽松的舞蹈上衣别在一条迷彩裤上,帅气而酷劲十足。"你们是来参加民族舞团的吗?"一句有力量的询问,打断了我的思量。"你们一起过来,按照我做的动作示范做一遍。"只见她挥动着双臂,侧身扶腮,柔美地打出几个手腕韵律,婀娜多姿。我和室友踉跄地挪着步子走到队伍中,不着边际地舞了几个手势。看着不远处现代舞的队伍中惊爆火辣的舞姿,内心暗自笃定:对,是我要学习的民族舞,也是我喜爱的老师——舞蹈老师朱亚俊女士。

　　缘分就是这般奇妙!因为对老师的喜爱,对老师教授学习动作的超强敏感力,以及这份对学习民族舞的兴趣和热情,我很快被学院舞蹈队录取了。从此每天艰苦训练,从压腿拉筋,开肩开背,靠墙站立,再到走姿坐姿……每每走进舞蹈房,总能看见她神采奕奕地等着我们的到来,很敬业地让我们做好准备动作。一次,她背着重重的酥油桶缓缓地走来,敲打着酥油桶,展现了一份来自"世界屋脊"的大自然的馈赠。她的节拍和动作似乎一直在我的脑海和耳际浮现,"1、2、3"。那时,朱老师为我们分解每一个舞蹈动作,每一场训练都像一次演出一样地紧凑和有质量,带领我们走进了神秘而美妙的舞蹈世界。她带着我,使我用情感、用表情和眼神融入音乐和旋律之中,让我从只能模仿舞蹈动作的热爱者华丽丽地成为职业舞者。

　　记得第一次视频拍摄,是在学院的报告厅演出。那一天,天气格外晴朗,微风将云彩朵朵的蔚蓝天空吹拂得如画一般清丽。她早早地来到报告厅,为我们准备好了油彩,用画笔在我们脸颊上作上"沧源崖画"。我们穿上佤族的靓丽服饰,披散着垂直乌黑的长发,手腕上、脚踝间戴上银铃铛。她帮我们整理完演出造型后,又

匆匆去了后台跟音控老师交代了几句,便赶到前台给我们定中线:"看准位置,听着音乐,动作做错了不要慌乱,想一下接下来的动作。"话毕,我们齐刷刷地上台,当欢快的云南佤族《甩头舞》舞曲响起,我们像轻快的小鸟拍打着翅膀,一会甩起长发,一会顿脚。像她平时教授分解动作一样,入神地穿越在神秘的云南瓦山山头,畅快淋漓地旋转,畅游在苍凉的大山大河之中。我们围成圈,拉起手,按照她排练时候的节拍一次一次地尽情挥动臂弯,甩开肩膀和发丝,让画面一直停留在美丽的少数民族的本土风情中。

又是一个平常的训练日,我们照常背着舞蹈练功服,穿着简朴的练功鞋,在舞蹈房里开启日常的训练。只见她拿来了四个饭碗,左手端着,右手按着。一步一踩,走近我们。大家心照不宣地围坐在她身旁,她温和地笑着,说起了这次参加浙江省高校大学生舞蹈大赛的主题。而这一次,她又将带我们走进蒙古顶碗舞的世界。刚开始练习时要把碗顶在头上,先习惯带着碗跳。脖子动得少,头绝不能有歪斜。她一次次带着我们,练习平衡脖子和头部的重心,"将立直的脖子梗住,将身体放松,摇摆起来。坚持住,跟着音乐走起来"。就这样,饭后课间,我们痴迷一般地在寝室里练习顶碗,轻盈矫健的步伐,快步向前带动身体的柔软,穿着草原人民的长靴、灯笼裤,额间绑着特色的灿烂绑带,撩起大长裙,舞动的瞬间新颖优美,气质高雅,风格独特,具有浓郁的民族特点。她仿佛带着我们走进了能歌善舞的鄂尔多斯蒙古人的婚宴和喜庆佳节的聚会上,头顶茶杯、碗状小油灯或碗,碗里盛满清水或奶酒,在歌声和乐声中翩翩起舞。顶灯、顶碗情绪激昂,动作、舞姿丰富多彩,灵动而富有草原牧场大漠驼影之美,与草原的翠绿草色相映成趣。这一份舞蹈的魅力,带我们走进了高校的比赛,在浙江省人民大会堂的大舞台上汇报演出。而这一份来自舞台前的美,源自她对民族舞蹈的情愫,也源自她对舞蹈的坚持,哪怕训练时候旧伤复发,一次次地膝盖着地。

四十周年校庆时,我又回到熟悉的校园,去寻找老师的足迹。来到熟悉的舞蹈房,她的身影,训练时候的口号和节拍,又一次把我带到了巍峨的山间、辽阔的草原之上。再一次回眸当时的训练场,汗水和勤奋,不知疲倦地分解动作,跟音乐舞动。思绪又一次回到和老师一起排练,一起在舞蹈房里吃外卖,大家换演出服,轮流打粉底化妆的那些场景。您似乎出现在眼前。再回望,如果还能回到十年前,我会喊着老师的名字,轻轻地告诉她:"谢谢您,我的老师,愿这一份美好永远相伴,一直到我年华苍老。感恩老师的教导。"一起吃苦、一起流汗的日子,让我面向太阳,骄傲地活着。到现在,我还会跳起那一段山河永寂的舞蹈。

我亲爱的老师,是您让我的青春风华留在了那些年,留在了我最留恋的象牙塔时光,留在了我最爱的学院;是您像朋友一样地温润着我的人生路。感谢朱老师!

【案例评析】

　　学生社团是高校校园文化的重要组成部分,是高校育人的重要环节和方式,是促进健康和谐师生的重要途径之一。以舞蹈为纽带,朱亚俊老师教给了学生舞蹈的动作,让学生在学习中享受了舞蹈的美;教给了学生舞蹈的内涵,从民族舞蹈中了解了民俗文化;教给了学生团队协作,收获了同学之间的友谊、师生之间的友谊。以文化人、以文育人,繁荣校园文化,建设优美环境,滋养师生心灵,涵育师生品行,社团文化发挥着重要的作用。